KB077356

불안한 삶을 일으켜 세우는

# 긍정의 기술

불안한 삶을 일으켜 세우는 긍정의 기술

**초판 1쇄** 2021년 07월 19일
**지은이** 박수은 | **펴낸이** 송영화 | **펴낸곳** 굿위즈덤 | **총괄** 임종익
**등록** 제 2020-000123호 | **주소** 서울시 마포구 양화로 133 서교타워 711호
**전화** 02) 322-7803 | **팩스** 02) 6007-1845 | **이메일** gwbooks@hanmail.net



**ISBN** 979-11-91447-38-5 03190 | 값 15,000원



※ **굿위즈덤**은 당신의 상상이 현실이 되도록 돕습니다.

불안한 삶을 일으켜 세우는

# 긍정의 기술

박수은 지음

POSITIVITY

굿위즈덤

프롤로그

## 긍정의 기술을 꿈꾸는 이들에게

우리는 하루에 걱정을 얼마나 하고 있을까? 어니 J. 젤린스키의 『느리게 사는 즐거움』에 보면 우리가 하는 걱정거리의 96%는 절대 일어나지 않는 일이라고 한다. 나머지 4%만이 우리가 대처할 수 있는 진짜 사건이라고 한다. 우리는 쓸데없는 걱정으로 하루의 보석 같은 시간을 낭비하고 있는 것이다.

지금 당장, 하루의 시작을 긍정의 습관으로 바꿔보기로 하자.
아침에 눈 뜨자마자 잠자리를 정리한다.
감사일기를 쓴다.
명상과 버터플라이 허그를 한다.
커피를 마신다.
책을 읽는다.

걷기 운동을 한다.

긍정 확언을 한다.

나는 매일 이렇게 외친다.

'좋은 일이 눈사태처럼 일어날 것이다.', '잘하고 있어.', '힘! 힘! 힘!', '할 수 있어.'라고 긍정 확언을 통해 우리 잠재 의식을 깨우자. 잠재의식은 이 모든 것을 사실처럼 받아들인다. 잠재의식에게 쐐기를 박아두자. '나는 매일 점점 더 나아질 것이다.'라고.

스스로 행복할 수 없다면 나 자신은 계속 나를 힘들게 만들 것이다. 남들과 비교하지 말고 우리를 슬프게 하는 모든 것으로부터 삶을 단단히 지켜내야 한다. 우리는 행복을 지키기 위해 긍정의 기술을 반드시 배워야 한다. 긍정은 우리의 삶을 행복하게 해주는 필수 조건이기 때문이다.

나는 이 책을 쓰면서 단 한 가지만 생각했다. 이 책을 읽는 누군가가 긍정의 기술을 어떨 때 써야 하는지, 긍정을 가지면 마음이 어떤 상태가 되는지를 알게 되기를 바랐다. 이 책에는 나의 긍정적인 경험을 담고 있다. 인생을 살며 산전수전을 겪다 보면 걱정도 뛰어넘어야 하고 불안과 두려움도 건너뛰어야 한다. 이 책에는 긍정으로 세상을 살아가면 어려운 역경을 너끈히 극복할 수 있다는 이야기가 담겨 있다.

긍정은 내 삶을 송두리째 바꾸어놓았다. 긍정은 나를 치유해주었고 행복한 일상을 선물해주었다. '긍정적으로 살기를 정말 잘했구나.'라는 생각이 절로 든다. 요즘 많이 불안한 상황이지만 긍정을 가져보길 다시 한 번 권한다. 당신의 소중한 삶이 반짝반짝 윤이 나게 될 것이라고 확신한다.

책을 내기까지 많은 분에게 감사의 마음을 전하고 싶다. 내가 무엇을 원하든 들어주시고 먼저 알고 주시는 하느님께 감사의 영광을 돌리고 싶다. 책을 출판할 수 있도록 관심과 애정을 듬뿍 주신 굿위즈덤 출판사 모든분들께 진심어린 감사의 마음을 전하고 싶다.

대한민국 책 쓰기 1등 코치, 나의 멘토 스승이신 〈한국책쓰기1인창업코칭협회(한책협)〉 대표 김도사님과 작가다운 삶을 몸소 실천하고 보여주시는 〈한국석세스라이프스쿨〉 대표 인생라떼 권마담님께 깊은 감사를 전하고 싶다. 책 쓰기에 입문하게 해준 주이슬 코치님, 1인 창업가로 설 수 있게 해준 포민정 코치님께도 마음 가득 감사를 전하고 싶다. 한책협에 계신 모든 코치님들께 감사를 전하고 싶다.

한결같은 마음으로 나를 지지하고 응원해준 친구들에게 감사를 전한다. 애터미에서 꿈을 갖도록 해준 박한길 회장님과 스폰서들에게도 감사를 전한다. 애터미 파트너 사장님들에게도 온 마음 가득 담아 감사드리고 싶다. 어려운 일이 있을 때마다 늘 기도해주는 성당 레지오 단원들에게도 깊은 감사를 드린다. 늘 응원해주는 사랑하는 언니에게 뜻깊은 감사와 사랑을 전하고 싶다. 성공해서 언니에게 용돈도 주고 명품 옷도 사주고 싶다. 하늘에서 바라보고 계신 부모님께 나를 낳아주셔서 감사하다고 전하고 싶다.

마지막으로 이 세상에서 가장 사랑하는 가족에게 무한한 감사와 사랑을 전하고 싶다. 특별히 책을 쓰는 동안 치킨 가게가 아무리 바빠도 불러내지 않고 참아준 남편과 두 아이 보람이와 현욱이에게 진심으로 감사와 사랑을 보낸다.

2021년 7월 박수은

# 목차

## 1장 당신은 왜 자주 걱정하고 불안해할까?

## 2장 어떤 불안한 삶도 긍정에서 버텨낼 수 있다

## 3장 아무도 가르쳐주지 않는 긍정의 습관

## 4장 나는 행복을 전해주는 사람입니다

## 5장 하루 한 번 긍정으로 마음을 챙기다

# POSITIVITY

1장

# 당신은 왜 자주 걱정하고 불안해할까?

불안한 삶을 일으켜 세우는 긍정의 기술

01

## 힘들다면 걱정을 긍정으로 바꾸어라

누구나 한 번쯤 "걱정이 태산 같다."라는 말을 들어본 적이 있을 것이다. 나는 항상 걱정을 달고 살았다. 미국의 심리학자 어닌 젤린스키는 재미있는 실험을 했다. 사람들의 걱정 유형을 분석한 것이다. 결과는 우리가 하는 걱정의 40%는 절대 현실에서 일어나지 않으며, 30%는 이미 일어난 일에 대한 것이고, 26%는 신경 쓰지 않아도 될 만큼 사소한 것으로 나타났다. 고작 4%만이 우리가 걱정함으로써 해결할 수 있는 문제라는 이야기다. 4%를 위해 절대로 일어나지 않을 96%의 걱정거리를 가지고 살아가는 것이다. 나도 96%의 오만 가지 걱정거리를 안고 살았다. 아침에 눈 뜨자마자부터 걱정하기 시작한다. 누가 시키지도 않았는데 말이다. '만일 내가 죽으면?', '핸드폰을 오래 보면 빨리 죽지 않을까?', '코로나 바이러스에 걸리면 어떡하지?' 등등 사서 걱정을 하기도 했다. 이 많은 걱정 중 현재 사실로 일어난 것은 단 한 가지도 없다. 나는 아직 죽지 않았고, 핸드폰을 많이 하지만 지금도 살아 있으며, 코로나에 걸리지도 않았다. 삶은 걱정한다고 잘되는 게 아니다. 순리대로 강물처럼 흘러가게 놔두면 삶은 자연스러운 성장통을 겪으며 앞으로 이어져간다. 나는 어느 순간 더는 걱정을 하지 않기로 마음먹었다. 걱정은 나를 소리 없이 갉아먹고 있었다. 나의 건강을 해쳤으며 나의 정신을 망가뜨리고 있었다.

걱정은 나에게 암이라는 괴물로 돌아왔다. 2020년 6월, 청천벽력같은 암 진단을 받았다. 내가 왜 이렇게 됐을까? 나는 잘못한 것도 없고 살면서 남에게 해를 끼친 적도 없는데. 가만히 생각해보니 병의 원인은 쓸모없는 걱정과 걱정이 있어도 말을 잘 하지 않는 성격 때문이었다. 그것이 내게 암으로 돌아온 것이다. 암 진단을 받은 후, 나는 또 속으로 걱정만 하고 있었다. 가족들에게 차마 암이라는 소리를 도저히 말로 꺼내기 힘들었다. 그 당시에 친정엄마도 암 말기로 병원에 있었기에 나까지 암이라고 말하기가 힘들었다. 암 말기 환자인 친정엄마에게 신경을 더 쓰고 싶어서, 내가 암이라는 사실을 수술받기 하루 전날까지 가족들에겐 숨겼다. 내가 너무 걱정을 안 하고 있으니 아들이 심각하게 물어왔다. "엄마, 진짜 암이야?" 수술하기 하루 전날 가족에게 말하는 사람이 있을까.

나는 관심 받는 걸 무척 부담스러워하는 사람이다. 지금 생각해보면 아프다고 할 걸 그랬다. 그러나 가족들과 형제들이 계속 나의 몸 상태를 물어왔다면 나는 돌아버렸을지도 모른다. 그들이 걱정하는 게 죽어도 싫기 때문이다. 걱정은 나 혼자 하는 것만으로도 충분하기 때문이다. 수술을 앞두고 마음이 어수선한 날, 나는 우연히 〈김도사 TV〉 영상을 보게 되었다. '초인대사들이 답해주는 삶의 의문에 관한 100문 100답'이라는 책을 소개하는 과정이었다. 김도사가 하는 말 중에 "사람들의 수명은 태어날 때부터 정해져 있다."라는 말이 내 귀에 들어왔다. 〈김도사 TV〉에서는 의식 상승, 의식 확장에 관해 이야기하며 삶이 생각대로, 말하는 그대로 흘러간다고 했다. '내가 명령하면 현실이 된다.'라고 다른 북튜버들과는 차원이 다른, 자신의 의식을 강하게 하는 말들을 전하고 있다. 나는 그 영상을 보면서 내 죽음에 대해서 생각을 하게 되었다.

사람은 태어날 때부터 수명이 정해져 있다는데, 나의 수명은 여기까지인가? 혹시나 수술받다가 내가 죽는 건 아닌가? 암 덩어리가 정말 커진 건 아닐까? 암 말기라면? 암이 전이되었다면? 심장이 걱정으로 벌렁거려서 미칠 지경이었다. 갑자기 살고 싶은 욕망에 눈에서 뜨거운 눈물이 흘러내렸다. 하고 싶은 것도 많고, 다 이루지도 못했는데…. 감정이 주체가 안 되었다. 내 삶이 왜 이렇게 되었을까? 계속 눈물만 흘렀다. 그렇게 한참을 울고 나서야 정신을 가다듬고, 만약에 벌어질 상황을 대비해 편지를 쓰기로 했다. 가족들에게 보험과 은행에 관한 것들을 알려주기 위한 것이었다. 유서라고 해도 될 편지였으나, 다행히 내 걱정과는 달리 필요치 않게 되었다. 왜냐면 나의 걱정과는 반대로 수술도 잘되었고, 암 덩어리도 작고, 암 전이도 안 되었으며, 암 말기도 아니었기 때문이다. 나의 지나친 걱정으로 내 몸만 더 힘들게 만들었던 일들이 후회스러웠다. 쓸데없는 걱정을 하느라 에너지를 다 빼앗겼으니 말이다. 다시 살아온 나는 하느님께 감사하고 우리 가족들에게 감사했다.

나의 인생 제2막이 시작되었다. 죽음의 문턱까지 다녀와서인지 한 번 아프고 나니 세상이 정말 아름다워 보였다. 불만과 걱정투성이였던 내 눈에 세상이 아름다워지기 시작했다. 내 옆에 있는 가족, 숨을 쉴 수 있는 공기, 바람, 햇빛, 개미 한 마리, 아주 작게 피어나는 풀 등 모두 너무 소중해서 감사가 절로 나왔다. 걱정하느라 내 인생의 절반을 써버린 걸 후회했다. 걱정을 긍정으로 바꾸니 모든 것이 즐겁기 시작했다. 내 긍정의 감정은 내가 만들 수 있었다. 긍정은 타고난 것이 아니었다. 나는 세상에 불만도 많았고, 매일 걱정에, 매사 불안해하는 성격에 예민하게 살아왔다. 싫은 소리도 잘 하지 못하고, 겉으로 걱정 없는 척 살아온 나였다. 그래서 아팠는지도 모른다. 나의 분노를 표출할 수가 없으니 병이 나를 찾아왔는지도 모른다. 죽느냐, 사느냐 하고 걱정이 많으면 병이 찾아온다고 했다. 이제는 긍정의 힘으로 나를 구원할 것이다. 나의 마음도,

나의 건강도 더는 부정적인 결말에 그 끝을 두지 않을 것이기 때문이다.

걱정은 변화무쌍하다. 걱정은 무엇이든 만들어낸다. "내일 소풍 가는데 비가 오면 어떡하지?"라고 내가 걱정하고 있으면, 돌아가신 친정엄마는 "멀쩡한 하늘 보고 머라 해 쌌노? 혼자서 소설을 한 권 쓴다 써." 하며 머리를 쥐어박곤 하시던 기억이 있다. "걱정해서, 걱정이 없어지면, 걱정이 없겠네."라는 티베트 속담이 있다. 그만큼 일어나지도 않는 일을 만들어 '걱정을 한다.'라는 것이다. 앞에서도 이야기했지만, 걱정의 96%는 일어나지도 않는 것을 걱정하고, 나머지 4%는 우리가 해결할 수 있는 거라는 미국의 심리학자 어니 젤린스키의 연구 발표가 있다. 걱정할 필요가 없다. 대신에 걱정을 긍정으로 바꾸는 연습을 하면 된다.

지금부터 걱정을 긍정으로 바꾸는 연습을 시작하자. 내겐 딸이 하나 있다. 딸에겐 손톱을 물어뜯는 버릇이 있다. 일하지 않고 잠을 자지 않는 이상 걱정이 있거나 불안하면 손톱을 계속해서 물어뜯곤 한다. 손톱이 남아나지 않는다. 물어뜯겨서 보기에도 안쓰럽다. 그러던 어느 날 딸이 손톱을 길러보겠다고 한다. 난 놀라서 "손톱 기를 수 있을까?"라는 부정적인 말이 먼저 불쑥 튀어나왔다. "그래, 넌 할 수 있어."라는 긍정의 말을 하지 못한 것이 미안하다. 긍정의 말도 기술이 필요하고 연습해야 한다. 자신을 긍정하게 하는 힘은, 자신이 먼저 마음을 훈련하고 힘을 길러 자신을 사랑하고 자신에게 긍정의 기를 불어넣을 때 생기는 것이다. 이런 훈련을 통해서 자신을 인정하고 자존감이 높아진 긍정적인 사람이 되어 누구를 만나든 자신을 위축시키지 않고 당당하게 말하는 사람이 된다는 것이다.

긍정을 연습하고 자신을 회복한 나는 나만의 인생 경험이 있고 그 과정에서 얻은 지식이 있다. 그러므로 다른 사람들에게 말을 할 수 있을 것 같다. 나 스스로 충분히 행복한 삶을 살았노라고 말하고 싶다. 내가 희망이 없을 때, 삶에 지쳐갈 때, 몸이 아플 때 〈김도사 TV〉와 '인생 라떼' 〈권마담 TV〉 유튜브를 보면서 돈, 마음, 의식 공부를 했다. 이런 이 덕분에 나의 이야기들을 네이버 카페 〈한국책쓰기1인창업코칭협회〉 대표 김도사님에게 배운 그대로 행동에 옮겨 책으로 쓰고 있다. 김도사님의 책 쓰기 코치는 세계 일등이다. 책 쓰기 코칭 특허를 냈으며 가르침에 있어서 특출하기 때문이다. 김도사님의 특별한 책 쓰기 코칭은 한 달에 10명의 작가를 배출할 정도이다. 유일무이하게 1천 명의 작가들을 배출했으며 24년간 250여 권의 저서를 남겼다. 김도사님을 만나지 않았다면 내게 책을 쓰는 일은 어려웠을 것이다. 김도사님은 당근과 채찍을 잘 활용하는 분이다. 누구나 책을 쓸 수 있는 것도 그 이유에서이다. 그리고 나도 유튜브를 통해 나의 책을 진솔하고 소신 있게 홍보하며 감동을 전하고 싶다. 그렇게 이루어진 나의 가치는 나를 유명한 작가 북튜버, 강연가, 코치, '동기부여가'가 되게 해줄 것이고 그 덕에 나는 이름을 날리게 될 것이기 때문이다. 그러면 경제적 자유도 이루면서 나의 새로운 인생이 펼쳐질 것이다. 이것이 우리가 가지고 싶고, 하고 싶고, 이루고 싶은 긍정의 끝이 아닐까? 걱정이 많았던 내가 '긍정녀'로 다시 태어나 꿈을 이루기 위한 기초 공사를 단단히 하고 있다.

02

## 우리는 왜
## 불안한 걸까?

2020년 12월 치킨 가게를 개업했다. 가게를 개업한 이유는 자식들이 코로나로 인해 취업하기도 어려워했고 점점 불안해지고 있는 가정경제를 살리자는 취지에서였다. 가게를 개업한다고 지인들에게 알렸더니 요즘 코로나 때문에 배달하는 장사가 뜨겁다는 반응이었다. 나의 불안한 마음을 조금 안정되게 해주었다. 딸과 아들은 가게 개업하기 한 달 전부터 치킨 튀기는 기술과 가게 운영법을 배웠다. 배달 앱 주문받는 방법, 배달기사 부르는 방법, 주문서 뽑기, 전화 주문 응대, 단골 리스트 작성, 치킨 포장할 때 함께 넣어야 할 것과 넣지 않아야 할 것들을 배웠다. 치킨은 치킨 파우더와 물과의 비율, 기름 온도 이 세 개의 조합이 맞아야 치킨의 맛이 최고조에 이른다고 했다. 배달 앱으로 많은 고객의 주문을 받는다. 편리한 앱이다. 이벤트로 가격 할인도 해주고 리뷰를 쓰면 콜라

나 만두 서비스도 준다. 아직도 전화 주문을 하고 있다면 배달 앱으로 주문을 해보라. 새로운 세계가 열린다.

가게를 연 지 일주일 정도 지난 어느 날, 배달 앱으로 주문을 받았는데 주문서를 못 뽑고 한창 헤매고 있으니 아들이 답답했는지 "엄마, 그것도 아직 할 줄 몰라?"라고 하는 것이었다. 기가 차서 가뜩이나 기계에 대한 공포와 불안감이 있는데 아들한테 이런 소리를 들으니 자존심이 확 상했다. "야, 똑바로 가르쳐주기나 해봤어? 제대로 가르쳐주고 말해."라고 나도 화가 나서 그만 볼멘소리로 말해버렸다. 가르치는 건지 보여주는 건지 가타부타 설명도 없이 손가락으로만 꾹꾹 누르는 게 영 성의가 없었다. 나이가 들면 젊은 사람들에게 배우기 어렵다더니 요즘 내게 하는 말 같다. 은근히 무시하는 게 보인다. 나도 그랬던가 반성해본다. 배달 앱으로 오는 주문은 내겐 매번 불안한 과제이다. 요청사항들이 왜 그리 많은지 주문지에 가끔 빼먹기도 해서 식은땀이 흐르곤 했다.

치킨 가게는 딸이 대표로 되어 있다. 딸은 치킨을 튀겨내고, 난 치킨 포장, 아들과 남편은 배달하러 다닌다. 가게를 하겠다고 딸이 결정했을 때 나는 말리고 싶었다. 이 시국에 장사가 잘될지 안 될지도 걱정이고, 치킨을 튀기면서 종일 서 있으면 몸도 피곤하고 오토바이로 배달하다가 사고라도 나면 어쩌나 싶어 아직 생기지도 않은 오만 가지 생각들이 내 머리와 가슴을 꽉 채웠다. 치킨 가게를 너무 쉽게 생각한 건 아닐까? 어떤 사람들은 할 거 없으면 "치킨 가게 하지 뭐."라는 사람들이 있는데 이런 사람들은 한 대 패주고 싶다. 장사하기 전에는 꼼꼼하게 만반의 준비를 해야 한다. 아무 준비 없이 달려들다가 큰일 난다. 옛날 속담에 "장사 똥은 개도 안 먹는다."라는 속담이 있다. 그만큼 장사가 힘들고 어렵다는 것이다. 우리 동네만 해도 치킨 가게 숫자는 셀 수 없을 정도로 많다. 어제 생겼다가 오늘 없어지기도 한다. 가게 개업 후 너무 바빴다. 연말이고 방학이어서 주문이 물밀 듯이 밀려왔다. 딸은 허리 펼 시간도 없이 튀겨 내고 나는 포장하느라 허리를 못 폈다. 그래도 나는 치킨이 나올 동안 앉아서 커피도 한잔 마실 수 있지만, 딸은 꼼짝도 안 하고 있어, 쉬고 있는 나는 가시방석에 앉아 있는 것 같아 마음이 힘들다. "가게를 안 했으면 이렇게 힘들지 않았을 텐데.", "왜 장사를 한다고 해서."라며 원망했다. 딸의 뒷모습을 보고 있으면 마음이 콩닥콩닥 불안하다. "왜 하늘은 내게 이런 시련을 주지?", "육이오 때 난리는 난리도 아니다."라는 우스갯소리가 생각났다. 우리 가게를 보고 하는 말 같았다. 완전 난리 통 같은 바쁜 시간이 지나가면 잠시 뒤 평화가 찾아오곤 했다.

어느 날, 포장하다가 주문서를 잘못 보고 실수를 했다. 프라이드인데 매운 양념에다가 버무려버렸다. 확 불안감이 밀려왔다. "어떡하지." 나 때문에 배달시간이 뒤죽박죽이 돼버렸다. 배달시간도 촉박한데 다시 튀기면 20분 정도 소요가 되어서 뒤에 오는 주문까지 전부 엉망이 된다. 이걸 실수한 것이다. 원망의 눈초리들이 내게로 몰려왔다. 가뜩이나 포장 속도도 느린데 실수까지 해버렸으니 완전 죽을 맛이었다.

그 순간 나는 긍정의 주문을 외우고 있었다. "괜찮아, 괜찮아, 분명 늦어도 괜찮다고 할 거야." 한편으론 "어쩌지, 어쩌지, 미치고 팔짝 뛰겠네." 새하얗게 비어버린 머릿속은 뒤죽박죽이었다. 내가 발을 동동거리며 긍정의 주문을 외고 있을 때, 아들이 "엄마, 걱정하지마 전화해서 사정을 말씀드렸더니 좀 늦어도 괜찮다고 하시네."라고 했다. 그때야 비로소 불안했던 내 마음은 안도의 숨을 내쉬고 있었다. 긍정의 주문이 통한 것이다. "궁하면 통한다."라는 말처럼 해결하게 된 것이다. 장사하는 데 있어 무엇보다 고객과의 약속이 가장 중요하다. 고객한테 전화해준 아들이 고맙고, 사정을 이해해준 고객께 감사한 날이었다. 이날은 집에 돌아와서도 기운이 쭉 빠지는 게 만사가 다 귀찮았다. 나 때문에 배달 앱 리뷰에 별점이 낮아지는 일이라도 생긴다는 건 안 될 일이기 때문이다. 배달음식을 시켰을 때 리뷰를 한다면 꼭 별점 5점을 주면 좋겠다. 엉망진창인 음식은 빼고. 치킨 나오기까지 몇 단계를 거치는지 아는 사람이 있을까? 사람들 대부분은 주문하면 도깨비방망이처럼 "치킨 나와라, 뚝딱" 하고 나오는 줄 안다. 나도 그랬었다. 주문해서 빨리 안 오면 왜 안 오느냐고 성화 전화를 했었다. 지금은 그렇게 했던 걸 두 손 들고 반성한다.

치킨 자르고, 무게 재고, 튀김을 반죽에 묻혀, 튀김기 온도 맞추어놓고, 서로 붙지 말라고 털고, 익혀서, 끄집어내어 종이 상자에 넣어 포장한다. 이런 과정을 거쳐서 배달되는 치킨이다 보니 시간이 걸린다. 몇 가지는 미리 해놓기는 한다. 치킨을 포장하는 동안에도 나는 불안하다. 배달기사는 와 있는데 포장이 안 되어 있어 기다리게 하는 일이 한두 번이 아니었다. 아이들 앞에선 힘들다는 말도 못 하고 포장하면서 손이 빨라지는 상상을 하곤 했다. 내가 자주 보는 유튜브 〈김도사 TV〉의 김도사는 네이버 카페 〈한국책쓰기1인창업코칭협회〉 김태광 대표이다. 난 김도사님의 유튜브 동영상과 추천해준 책을 보면서 상상하면 현실이 된다는 신기한 의식 변화를 경험했다. 참 나에겐 무척 고마운 분이시다. 아인슈타인 박사도 "상상 속에 모든 것이 있다. 상상은 앞으로 인생에서 펼쳐질 것들을 미리 보는 것이다."라고 말했다. 아인슈타인의 상대성이론도 상상력에 의해서 만들어졌다고 했다. 상상력은 불안도 날려버리는 힘을 갖고 있는 것이다.

아들은 치킨 가게를 하면서 오토바이를 배우게 되었다. 배달 집에서는 오토바이가 필수조건으로 짧은 시간 안에 빨리 배달을 많이 해야 수입도 높기 때문이다. 도로의 무법자라는 말이 왜 생겼는지 알 만했다. 아들이 오토바이를 배울 때 물가에 내놓은 애처럼 불안해서 일이 손에 잡히지 않았다. 불안한 엄마의 마음을 알았는지 카톡으로 사진이 한 장 들어왔다. 조카가 보낸 사진이었다. 아들이 오토바이를 몰며 환하게 웃고 있는 사진이었다. "우와! 우리 아들 잘 타네." 그 시간 이후로 아들이 오토바이를 탈 때의 불안은 그 사진 한 장으로 인해 날려버렸다. 일어나지도 않는 걱정과 불안은 내 몸과 마음을 상하게 한다는 걸 알고 있기 때문이다. 아들이 배달 나갈 때면 나는 속으로 긍정의 주문을 하고 있다. 신호와 속도를 잘 지키는 아들에게 고맙다. 남편도 마찬가지다. 아들은 점점 물이 오른 듯이 오토바이를 타고 다녔다. 누가 그랬나? 오토바이 타는 사람은 무법자라고. 그건 오토바이를 불량하게 타고 다니는 사람들을 보고 하는 말이다. 정주영 회장님 말처럼 "해보기나 해봤어?", "오토바이 타보기나 해봤어?" 자신을 불안 속에 가두지 말고, 차라리 도전을 해 보라. 그러면, 덜 불안해질 것이기 때문이다. '이것 또한 지나가리라'라는 구절이 떠오른다. 매 순간 힘들거나 불안할 때마다 중얼거리는 구절이다. 좋은 것이든 절망스러운 것이든 시간이 지나면 사라지는 법이기 때문이다.

우리는 가족이 똘똘 뭉쳐, 장사를 운영하는 중이다. 처음 시작할 때는 불안하고 두렵고 힘들었지만 몇 개월이 흐르고 나니 딸은 치킨을 수준급으로 튀겨내고 있고, 아들은 베스트 오토바이 드라이버가 되어 있다. 실수만 하던 나도 이젠 배달 앱으로 오는 주문도 잘 받고, 포장도 빠르게 해내고 있다. 언제 불안하고 두렵고 걱정만 하던 사람들이었던가 싶게 치킨계의 맛집으로 소문나니 주문도 꾸준하게 들어온다. 불안은 결국 내가 일어나지도 않는 일을 생각하면서, 그게 현실이라고 착각하는 생각 때문에 일어난다고 한다. 우리의 뇌는 우리를 속이고 있었다 속지 말자. 지금부터라도 불안한 삶을 일으켜 세울 수 있는 긍정의 기술을 배우자.

03

## 우리는 왜
## 걱정이 많을까?

우리는 하루에 오만 가지 생각과 걱정을 한다고 한다. 그중 4만 9천 가지 이상은 현실에서 일어나지 않는 일들이라고 한다. 현실에서 일어나지 않는 96%의 걱정을 우리는 하고 있다고 한다. 우리가 지금 행복하지 않은 것도 걱정이 많기 때문이다.

친구의 아들이 자동차를 엄마에게 선물해주었다고 한다. 20년을 경차만 운전했던 친구는 아들이 사준 자동차가 너무 커서 운전하기가 무섭다고 했다. 친구는 차를 운전해보기도 전에 주차 걱정, 골목 걱정, 도로 걱정, 교통사고 등 아직 일어나지도 않는 일들을 걱정하고 있었다. 최악의 상황을 상상하고 걱정하고 있었다. 아들이 친구에게 "아무 일도 일어나지 않을 테니 일단 자동차를 운전해서 나가라"라고 했다고 한다. 용기를 낸 친구는 아들이 사준 자동차를 타고 다니며 경차보다 안전하다며 좋아한다. 이런 일들을 보면 우리는 해보지도 않고 일어나지도 않는 걱정으로 얼마나 많은 시간을 낭비하고 있는지 알 수 있다. 걱정은 소나무를 갉아 먹는 재선충과 같이 우리 몸을 갉아 먹고 있다.

우리 주위에는 걱정을 안고 사는 사람이 너무 많이 있다. 감사하는 마음보다는 불평하는 마음, 만족하는 마음보다는 불만족하는 마음, 존경하는 마음보다는 무시하고 질투하는 마음, 기쁜 마음보다는 섭섭한 마음을 가진다. 걱정을 안고 사는 사람은 자신의 약점을 한동안 노출해 보여주다가 만나는 사람들을 하나씩 피하기 시작한다. 자신의 약점을 많이 노출해 비참한 기분이 들어서라고들 한다. 본인이 피해놓고 나중에 가서는 '내 주변에 사람들이 없어.'라고 한다. 이런 친구가 하나 있는데 요즘 들어 만날 사람이 없다고 한다. 전화를 해보면 사람들이 자기를 피한다고 했다. 친구는 돈도 많고, 남편도 멋지고, 직장도 번듯한데 만날 때마다 불평불만을 늘어놓는다. 직장 상사에 대해서, 남편에 대해서, 친구에 대해서 부정적인 이야기들로 시간을 보낸다. 듣고 있노라면 스트레스 지수가 폭발 직전까지 올라간다. 친구의 부정적인 기운이 독약처럼 온몸으로 퍼진다. 점점 힘이 빠지고 만남 자체도 거북하게 느껴진다. 사람들이 피하는 이유가 여기에 있다.

“내 얼굴에 침 뱉는다.”라는 말이 있다. 걱정을 항상 달고 있는 사람들을 보면 얼굴이 찡그러져 있고 짜증을 잘 낸다. 주위에 사람들이 없는 것은 당연한 일이다. 부정적인 생각에서 긍정적인 생각을 한다면 자신뿐만 아니라 주변도 행복하게 해준다는 걸 기억해야 한다.

남에게 폐 끼치는 걸 죽기보다 싫어하는 사람이 있었다. 그녀는 회사에서나 친구들 사이에서나 갈등이 생기는 게 싫어 조용히 살았다. 남편의 잔소리도 한 귀로 듣고 한 귀로 흘려버렸다. 회사에서도 사람들에게 실망을 주는 건 죽기보다 싫은 걱정이 많은 그녀는 본인이 하기 싫은 일도 남이 원하면 억지로 하려고 들었다. 남에게 피해 주는 것보다 본인이 힘든 게 낫다고 생각하기 때문이었다. 이건 습관적으로 걱정을 많이 하는 사람들의 특징이라고 한다.

정신과 의사 최명기는 『걱정도 습관이다』라는 책에서 “습관적으로 걱정을 많이 하는 사람들의 특징을 보면 남의 눈치도 많이 보고, 실수하는 걸 두려워한다. 주변 사람들로부터 예민하게 군다는 말을 곧잘 듣는다. 스스로 정신력이 약하다고 생각하고 수시로 피곤함을 느낀다. 나를 곤란하게 만드는 상황이나 사람은 회피하려 든다.”라고 했다. 나 역시도 남의 눈치를 보며 싫은 말도 하지 못해 속으로만 걱정하는 성격이었다. 이런 현상들을 계속 견디다 보니 어느새 병들어가는 나를 만날 수 있었다. 이러다간 정말 큰일이 날 것 같다는 절박한 심정으로 그동안의 생각들을 바꾸어나갔다. 다른 사람들이 보기에도, 치열한 노력 끝에 내 인생을 바꾼 뒤, 내게서 두려움도 사라진 듯하고 얼굴의 인상도 달라져 보인다고 했다.

평소 감정 기복도 심하고 몸에 대해서 엄청난 건강 염려증을 앓고 있는 친구가 있다. 이 친구가 어느 날 위가 아파서 병원에 가서 위 내시경을 받았다. 의사는 친구에게 신경성이라고 밥만 잘 챙겨 먹으면 된다고 했다. 그러나 친구는 스스로 중병이라고 진단했다. 친구는 건강 염려증 환자였다. 의사의 진단을 믿지 못하고 친구는 병원을 돌며 CT, MRI 등 각종 검사를 하는 의사 쇼핑을 하고 있었다. 건강 염려증 환자는 자신의 몸 상태에 대해 실제보다 심각한 병에 걸려 있다고 생각하여 불안해하고 공포를 지니는 일종의 '강박 장애자'라고 한다. 병원을 찾는 4~5%에 달하는 사람이 건강 염려증 환자라고 한다.

요즘 코로나에 건강 염려증 환자들이 늘어났다고 한다. 아픈 곳이 없어도 병원을 찾는 사람들 가운데 실업, 취업난 등의 스트레스를 신체적 불안으로 키워 병을 앓는 경향이 많고, 나이나 결혼 여부, 경제적인 상태

및 교육 수준과는 관계가 없다고 한다. 특히 만성 퇴행성 질환이 서서히 나타나기 시작해 건강에 대해 불안해하는 40~50대가 많다고 한다. 건강 염려증 환자의 문제는 병의 증상을 잘못 이해하거나 확대 해석하여 병을 키우고, 몸이 아프면 중병에 걸린 것으로 생각하는 잘못된 생각에 따른 비현실적인 공포나 믿음이다. 넘쳐나는 건강 정보의 홍수 속에서 건강에 대한 끝없는 불안에 시달리지 않으려면 지나친 건강 정보를 접하지 않도록 조절할 필요가 있다고 생각한다. 미국 매사추세츠 종합병원 정신과 의사 조지 월튼 박사는 『Why Worry』(행복한 마음, 2005)에서 "걱정은 습관이자 하나의 질병"이라고 간주하면서 걱정이 들어설 자리에 "상황을 있는 그대로 받아들이는 마음"을 대신 집어넣으라고 조언한다.

코로나에 우리들의 걱정은 줄어들지 않고 계속 늘어나는 추세다. 코로나가 우리에게 걱정을 하나 더 보태준 셈이 되었다. 매일 문자로 딩동 코로나 확진자 10명, 20명, 30명 이런 문자를 볼 때마다 심장이 떨린다. 코로나 확진자 숫자는 줄어들지 않고 매일 늘어만 간다. 숫자에 면역이 될 때쯤 됐는데 아직도 두렵다. 코로나 사태가 지속이 됨에 따라 우리 일상에 많은 변화가 일어났다. 또 앞으로 더 많은 변화가 일어날 거라 예상된다. 사람들이 많이 모인 곳에 가면 안 되고, 보다 더욱 청결에 신경을 써야 하며, 늘 마스크를 착용해야 하는 힘든 환경에 익숙해진 지 오래다. 코로나 이전의 세상은 어떤 세상이었을까? 마스크 없던 세상은 이제는 생각도 안 난다. 이제는 돌아갈 수도 없다. 집 안에서 하는 생활이 길어지면서 스트레스도 늘어났다. 코로나 이전에는 가족들이 아침에 다 나가 저녁 때 들어왔는데 이젠 온종일 같이 있으니 부담스럽고 짜증도 난다. 주부로서 삼시 세끼를 차리는 건 코로나보다 더 무섭다. 취준생들이 채용 인원 감소 탓에 직장을 못 구하는 것도 큰 걱정거리이다.

퓰리처상을 받은 칼럼니스트 토머스 프리드먼이 〈뉴욕타임스〉에 기고한 글이다.

"세계는 이제 코로나 이전인 BC Before corona와 코로나 이후인 AC After corona로 구분될 것이다. 우리는 코로나로 인한 바이러스는 전원을 끄듯이 스위치로 끌 수 없다. 점차 자취를 감출 것이다. 갑자기 한 번에 사라지지는 않을 것이다."라는 말을 했다.

코로나는 금방 사라지지 않을 것이다. 우리는 당장 코로나라고 걱정만 하지 말고 집에서 배울 수 있는 취미도 찾고, 좋은 책도 읽고, 긍정적인 생각을 하며 이 상황들을 잘 극복해나가는 연습을 해야 한다. 이번 기회에 우리가 가지고 있는 쓸데없는 걱정들을 하나씩 내려놓는 연습을 해나가자. 그러면 마음이 훨씬 행복해질 수 있을 테니까. 영국의 한 의과대학은 웃음에 관한 연구를 하다가 다음과 같은 사실을 밝혀냈다고 한다. "어린아이는 하루에 평균 400~500번을 웃는다. 그런데 어른이 되면 이 웃음은 하루에 15~20번으로 감소한다." 어렸을 때 그렇게 잘 웃던 사람들이 인생에서 기쁨을 상실한 채 웃음을 잃어가는 이유는 미래에 대한 불안과 걱정 때문이라고 한다.

"밭에 누워 하늘이 무너질 것을 걱정한다."라는 우리나라 속담이 있다. 쓸데없는 걱정의 어리석음을 뜻하는 속담이다. 속담처럼 나도 쓸데없는 걱정을 끌어안고 살았던 사람이다. '앞으로 어떻게 살아야 하는가.'에 대해서, '날씨도 화창한데 비 오지 않을까.', '길 가다가 교통사고 나면 어떻게 하지.' 등등 말도 안 되는 걱정을 하고 살아왔다. 그러나 우리가 하는 모든 걱정이 쓸데없는 걱정이라고 단정 지을 수는 없다. 사소한 걱정부터 큰 걱정까지.

하지만 돌이켜보면 아무것도 아닌 일을 가지고 왜 그렇게 힘들게 자신을 극한의 상황으로 몰면서 불안해하고 걱정했는지 모른다. 지나치게 걱정이 많은 사람인 걸 주변에서 알고 이상하게 생각할까 봐 두려웠는지도 모른다. 혼자 걱정으로 끙끙거렸던 적도 있었을 거다. 지금 내 힘으로 벗어날 수 없는 것이라면, 시간이 흐를 때까지 기다려보도록 하자. 병은 걱정과 불안으로 몸과 마음이 지친 나를 사랑하고 아끼는 시간으로 채워보라는 몸과 마음의 신호인지도 모른다.

『데일 카네기의 자기관리론』의 말을 기억해보자.

"걱정을 없애고 싶다면 윌리엄 오슬러 경의 말대로 행하라. 오늘에 충실한 삶을 살라. 미래에 대해서 조바심을 내지 말라. 잠자리에 들기 전까지 주어진 하루를 충실하게 살면 된다. 걱정은 이제 내 손에서 떠났다."

04

## 걱정은 나를 다치게 하는 감정의 덫이다

걱정이라는 말은 '안심이 되지 않아 속을 태운다.'라는 뜻이다. 우리는 태어나면서부터 걱정을 달고 산다. 학교에서 좋은 성적을 거둘 수 있을지에서부터, 좋은 직장에 취직할 수 있을지, 또는 새로 시작한 일이 제대로 될지, 코로나 19에 걸리면 어쩌나, 노후에 돈 걱정 없이 살 수 있을지 등등. 우리는 매일 걱정의 홍수 속에 살고 있다고 말해도 과언이 아니다. 아침에 눈을 뜨는 순간부터 밤늦게 잠자리에 드는 순간까지 걱정을 떼어놓을 수 없다.

걱정을 세탁해주는 곳이 있다면 얼마나 좋을까? 당장 맡길 텐데….

〈레이디스 홈 저널〉이 실시한 설문조사 자료에 따르면 모든 걱정의

70%는 돈에 관한 것이라고 한다. 돈 걱정을 안 해본 사람은 없을 것이다. 돈 걱정은 정말 피가 마르는 것 같다. 겪어본 사람은 그 느낌을 알고 있을 것이다.

2019년, 암호화폐 다단계 사기에 걸려 돈을 날린 친구가 있었다. 휴대폰으로 매일 5분만 투자하면 연금 형식으로 수익이 들어온다고 했다. '매일 돈이 들어온다고? 하루 5분 투자하는데.' 엄청 솔깃한 이야기였다. '와, 이건 그냥 앉아서 돈을 벌 수 있는 일이네.' 자기가 투자한 돈보다 돈이 더 들어온다는 말에 귀가 솔깃해 광고 팩을 사고 암호화폐 형태의 코인도 샀다. 매일 광고를 보기 시작하니 돈이 조금씩 들어오기 시작했다. 돈을 넣어주면서 돈을 더 투자하게 만들기 위한 미끼였는데 몰랐다. '정말 돈이 들어오네.' 광고 팩이란 걸 또 샀다고 한다. 연금식으로 돈이 계속 들어온다고 하니 이것보다 더 나은 돈벌이가 없을 것 같았다고 했다. 스폰서라는 사람은 매주 돈이 몇백만 원씩 들어와서 건물을 사기 위해 보러 다닌다는 말을 했다. 그런 그가 부러웠다고 한다. 그런데 어느 날부터 피해를 봤다는 사람들의 뉴스가 들려왔다. TV에서 암호화폐와 관련된 '폰지사기'라는 뉴스가 나왔다. '폰지사기가 뭐야?' 뜻도 몰랐다고 한다. 설마 친구는 사기당했다는 생각은 하지 못하고 광고를 계속 봤다고 한다. 날마다 카톡으로 피해 사례가 올라오기 시작했다고 한다. 대출해서 시작했는데, 친구에게 소개했는데, 친구도 대출받아 시작했는데, 전

재산을 다 넣었다는 사람도 있었다. 매일 들어오던 돈도 안 들어온다는 소식이었다. 돈도 찾을 수 없다고 했다. 스폰서에게 찾아가서 돈을 돌려 달라고 싸움까지 하는 일들이 일어났다는 소식들이었다. 슬슬 친구도 걱정이 되기 시작했다. 스폰서에게 연락하니 본인도 잘 모르겠다며 발뺌을 했다고 했다. 폰지사기는 누군가를 끌어와야만 되는 다단계 구조여서 피라미드 사기라는 의혹이 제기되어 조사당하더니 소리 소문 없이 사라졌다. 다들 책임 회피를 했다. 책임져줄 사람은 없었다. 나중에 알고 보니 이 회사는 2014년에 폰지사기(이윤 창출 없이 투자자들이 투자한 돈을 이용해 돌려막는 금융사기 수법) 사이트를 운영한 회사였다. 속았다는 생각에 잠이 안 왔다고 했다. 잠을 자려면 심장이 벌렁거려 죽을 것 같았다고 했다. 돈이 한순간에 날아갔고 화병이 생겼다고 했다. 돈을 찾을 방법도 없었다. 여러 방면으로 알아보았지만, 돈을 찾을 방법이 없었다. 어디 말할 곳도 없었다.

그러나 다행인 것은, 누군가를 끌어들이지 않았다는 것이었다. 만약 누군가를 끌어들였다면 친구는 이 세상 사람이 아니었을 것이다. 이 일은 친구가 책임져야 할 일이었고 친구가 만든 일이었다. 이 세상이 끝나면 좋겠다 싶었다고 했다. 남편 얼굴을 보기가 미안했다고 했다. 아이들에게는 돈을 벌 것이라 얘기했는데 엄마가 사기당한 걸 알게 될까 봐 진짜 죽고 싶은 심정이었다고 했다. 돈 때문에 걱정을 많이 해서 그런지 온

몸이 아팠다고 했다. 걱정으로 열이 나면서 몸살이 났다고 했다. 모든 것을 포기한 채 편안한 마음으로 잠을 잤다고 했다. 걱정으로 잠을 제대로 자본 적이 없었는데 돈을 포기하자고 마음먹어 그런지 아주 아기처럼 푹 잤다고 했다. 『데일 카네기의 자기관리론』에서 에드워드 S. 에반스는 "이제 더는 걱정하지 말자. 과거에 일어난 일을 후회하지도 말고, 미래의 일을 두려워하지도 말자."라는 말을 했다. 이 글을 보는 순간 걱정이라는 감정의 덫에서 얼른 빠져나와야겠다고 생각했다고 했다. 만일 친구가 걱정이 쓸데없는 짓임을 깨닫지 못했다면, 충실하게 사는 법을 배우지 못했다면 지금의 인생을 맛보지 못했을 것 같다. 딱 두 단어로 지금의 우리에게 말해주고 싶다.

"카르페 디엠" (Carpe diem). "오늘을 즐겨라"

세상에 두 종류의 사람이 있다. 걱정하는 사람과 걱정이 없는 척하며 살아가는 사람. 사람은 저마다 성격 차이가 있다. 어니 젤린스키의 『모르고 사는 즐거움』 중에 이런 이야기가 나온다. 걱정의 40%는 절대 현실로 일어나지 않을 것들이고, 걱정의 30%는 이미 일어난 일에 대한 것이고, 걱정의 22%는 사소한 고민이고, 걱정의 4%는 우리 힘으로는 어쩔 도리가 없는 일에 대한 것이라고 했다. 결국, 걱정하는 것의 96%는 쓸데없는 걱정이라는 것이다. 그리고 4%마저도 바꿀 수 있는 것은, 걱정하지 말고 바꾸면 된다는 것이다. 96%의 쓸데없는 걱정 때문에 기쁨도, 웃음도, 마음의 평화도 잃어버린 채 살아갈 필요가 없을 것이다. 그러므로 걱정은 아무런 도움이 되지 않는다. 옛날 중국의 기 나라 사람이 하늘이 무너질까 걱정했다는 이야기에서 유래된 기우라는 말이 있다. 공연한 걱정을 기우라고 한다. 우리 주위에는 생기지도 않은 걱정을 하는 사람들이 의외로 많다. 이렇게 96%의 걱정은 쓸데없는 일이다. 걱정하면 몸과 마음이 피곤해지면서 얼굴도 급속도로 늙어간다. "걱정도 팔자"라는 말이 있다. 맨날 걱정을 달고 사는 사람을 말한다. 잘해도 걱정, 못해도 걱정. 좋아도 걱정, 싫어도 걱정. 걱정이 떠날 날이 없다. 걱정은 걱정을 낳고 더 큰 걱정을 불러들인다. 불운과 불행을 자초한다. 미리 걱정하는 사람에게 더 쉽게 다가간다. 걱정을 줄이는 가장 좋은 방법은 믿을 수 있는 사람에게 털어놓는 것이다. 우리는 이것을 카타르시스라고 한다.

걱정은 왜 생기는 걸까? 어쩌면 말을 함으로써 우리는 우리의 문제에 대해 좀 더 깊은 통찰력을 갖게 되고 잘 이해하기 때문이다. 하지만 우리는 가슴속에 맺힌 것을 후련하게 털어놓는 것이 거의 즉각적으로 자신에게 위안을 준다는 사실을 알고 있다. 그러나 자신의 치부를 보여주게 될까 봐 털어놓지 않는다. 나는 정말 친구들에게 내 마음을 털어놓기가 싫었다. 나의 속마음을 드러내 보이기 싫었기 때문이었다. 그런데 이것이 별로 안 좋은 결과를 가져왔다. 병을 가져오는 원인이 되었기 때문이다.

그러므로 앞으로 걱정거리가 생기면 친구, 부모님, 누군가에게 털어놓는 것이 가장 좋은 해결 방법인 것 같다. 물론 보는 사람마다 “내 얘기 좀 들어줘.”라고 하는 것은 바람직하지 않다. 내가 믿을 수 있는 사람을 선택해서 털어놓아야만 할 것이다.

중학교 1학년 겨울에 화상을 입은 적이 있다. 옛날 집들의 부엌 바닥은 타일이 깔려 있어 바닥에 물이 조금만 있어도 미끄럽다. 저녁밥을 먹는데 할머니가 숭늉을 드시고 싶다 하셔서 부엌에 갔다가 발이 미끄러져, 뜨거운 숭늉이 담겨 있는 솥이 내 오른쪽 팔 위로 쏟아져버렸다. “아악” 팔이 너무 뜨거워 물 받아놓은 곳으로 달렸다. 팔을 물속에 밀어 넣고 식혔다. 식히고 나오는데 할머니가 민간요법이라면서 간장을 화상 입은 팔에 부어버렸다. 팔에서 불이 났다. 팔짝팔짝 미친 듯이 뛰었다. “할매, 와 이라노? 내 죽일라카나?” 언니랑 병원에 가서 치료를 받는데 너무 아파서 콧물과 눈물이 범벅이 되었다.

지금 생각해도 온몸에 전기가 흐른다. 부모님이 걱정 가득한 얼굴로 달려오셨다. 붕대를 칭칭 감고 있는 딸을 보니 안쓰러운지 내 팔만 쓰다듬고 있었다. 화상 2도였다. 밤에 잠을 잘 때도 끙끙 앓으면서 잤다. 부모님은 딸내미 팔 흉터 걱정에 전국의 화상 전문 병원을 찾아다녔다. 그리고 매일 아버지는 새벽시장에 가서 싱싱한 횟거리를 사 왔다. 회를 먹어야 화상이 빨리 낫는다고 어디서 들었는지 딸을 위해서 매일 사 왔다. 병원 가서도 "선생님, 팔 흉터 나을 수 있나요?" 의사 선생님은 걱정하지 말라고 했다. 점점 좋아지고 있다고 했다. 난 믿을 수 없었다. 내 일상은 한순간에 멈춰버렸다. 걱정으로 잔뜩 찌푸린 얼굴을 하고, 팔이 낫지 않으면, 학교 못 가면, 친구들 못 만나면 어쩌지 하는 불안감이 엄습했다. 걱정의 덫에 걸려 걱정구덩이에 들어가 앉아 있었다. 걱정은 나를 다치게 하는 주범이었다. 내 뇌 속에 내 신체에 아직도 일어나지 않은 일들로 걱정이 걱정의 꼬리를 물게 하고 있었다. 시간이 흐르니 의사 선생님 말씀대로 팔은 깨끗하게 나았다. 내가 아무리 걱정으로 발버둥을 친다 해도 걱정을 하나 안 하나 시간은 똑같이 흐른다. 걱정을 버리면 진정으로 삶과 타협할 줄 알게 된다. 흐르는 시간이 똑같다면 나는 걱정을 하지 않는 쪽으로 할 것이다. 걱정해서 나를 아프게 하고 다치게 할 필요는 없다. 너무나 심한 걱정이 광적이면 병이 되기 때문이다. 병을 걱정하는 생각을 하게 되면 우리는 병에 걸린다. 실패한다는 생각을 하면 우리는 틀림없이 실패할 것이기 때문이다.

이것은 진리이다. 우리의 모든 문제를 낙관적으로 바라보며 부정적인 관점이 아니라 긍정적인 관점으로 보아야 할 것이다. 우리는 우리의 문제에 관해 낙관적인 시각으로 바라보아야지 걱정만 하고 있으면 안 된다는 것이다. 걱정이란 미친 듯 쓸데없이 제자리를 빙글빙글 도는 것이다.

걱정은 우리의 마음을 갉아 먹는 해충이다.

위대한 철학자 마르쿠스 아우렐리우스는 "우리의 인생은 우리가 생각하는 대로 만들어진다."라고 조언했다.

"행복한 생각을 하면 우리는 행복해지고, 비참한 생각을 하면 우리는 비참해지고, 두려운 생각을 가지면 우리는 두려워진다."

05

## 불안의 덫에
## 갇힌 사람들에게

사람들이 행복의 덫에 갇히면 얼마나 좋을까? 행복에 겨워 콧노래를 부르며 감사하는 마음으로 살아가는 그런 덫에 갇히면 좋겠다. 요즘은 내 주변을 둘러봐도 행복하다고 하는 사람을 찾아보기 어렵다. 뉴스도 불안의 한몫을 차지한다. 행복한 뉴스는 그리 많지 않다. 코로나로 인한 경제 불안, 마스크 쓰라는 버스 기사 폭행 사건, 죽도록 일해도 내 집 한 채 마련하기 어려운 부동산 소식 등 불안을 발생시키는 뉴스가 많다. 물론 마음이 따뜻해지는 뉴스도 있지만 99%는 불안함을 유발하는 뉴스이다. 귀와 눈을 막고 싶을 정도다. 매일 문자로 들어오는 코로나 확진자 숫자 안내는 불안의 요소를 더해 주는 역할에선 최고다.

오랜만에 조카가 가게에 들렀는데 마스크를 쓰지 않고 들어왔다. 우린 깜짝 놀라서 눈만 동그랗게 뜬 채 쳐다보았다. 이제는 마스크를 잠깐 벗은 사람만 봐도 코로나 걸릴까 봐 불안해한다. 마스크 쓰지 않은 사람을 전염병을 옮기는 병균처럼 본다. 사람들은 스스로 자신을 불안의 덫에 가둬버린다. 이제는 불안이라는 친숙한 바이러스를 안고 살아야 하지 않을까.

코로나로 인해 세상의 불안은 더욱 커졌다. 코로나 이전의 세상이 그립다. 마음도 움츠러들었다. 밖을 나가는 것도 불안하고 누군가를 만나는 것도 불안하다. 커피숍에서 맘껏 떠들고 싶어도 옆 사람에게 눈치 보여 떠들 수도 없다. 음식점에 가서 밥 한 끼 먹기도 어렵다. 병원에 문병을 갈려고 해도 코로나 검사를 해야만 한다. 애터미 사업을 하고 있던 나는 코로나 발생 전에는 사람들을 자주 만났다. 악수도 하고 미팅도 했지만, 코로나가 오고 나서는 아무것도 할 수 없다. 너무 불안해서 밖에 나다닐 수도 없다. 집에서 사업을 해야만 하기 때문이다. 집에 있으면 답답하고 불안하기도 했지만 의외로 좋은 점이 더 많았다. 아침에 일찍 일어나지 않아도 되고, 비가 오는 날엔 집 밖으로 한 발자국도 나가지 않을 자유가 생겼다. 돈으로 환산할 수 없을 만큼 큰, 코로나로 얻게 된 복지였다. 자유롭고 느긋한 생활이 주는 여유 속에서 인생 2막, 3막의 꿈을 실현할 수 있는 계획도 세울 수 있었다. 자유로움을 얻으면서 코로나 불안도 해소할 수 있었다.

“불안장애 44.8% 급증… 통계로 증명된 ‘코로나 블루’”〈중앙일보〉(2020.09.30.) 기사에 따르면, “정신 건강복지센터의 불안장애 상담 건수가 올해 상반기 1만 8931건으로 지난해 1만 3067건에 비해 44.8% 늘어났다고 한다. 지난해는 한 달 평균 1,089명이었지만 올해는 3,155명으로 사실상 3배 증가했다.”라고 한다. 불안장애가 비단 몇 사람의 문제가 아니라는 것을 보여주는 자료다. 얼마 전 후배가 가슴이 답답하고 불안하고 왠지 모를 두려움을 자주 느껴 이유를 모르겠다며 병원을 다녀왔다고 했다. 결과는 불안장애라고 했다. 의사와 이야기를 할 때는 본인의 문제가 무언지 알겠는데 집 밖을 나올 수 없다고 했다. 병원 가서 약을 먹어도 그때뿐이고 의사와 상담을 해도 그때뿐이라고 했다.

사람들이 많이 모인 곳에 가면 어지럽고 구토가 나오려고 해서 사람이 많은 곳에 갈 수도 없다고 했다. 후배에게 불안이 왜 생겼을까? 불안은 마음이 편하지 않아서 생기는 것이라고 한다. 불안을 이기지 못하는 사람을 기가 약하다고 한다. 그러나 그렇게 단순한 문제가 아니다. 나도 늘 불안했다. 여태껏 살아오면서 힘든 일이 없었을까? 절대 아니다. 이런 불안의 순간들을 잘 넘겨왔기 때문에 불안의 감정을 다스릴 수 있을 뿐이다. 불안함으로부터 해방이 되지 못할 운명이라면, 억지로 싸워 이기려 들기보다 조금 편안히 달래가며 살아보자고 하고 싶다. 불안할 수밖에 없는 시대에 기 코치가 필요할지도 모르기 때문이다.

초등학교 때 일이다. 아버지는 술을 좋아하셨다. 가끔 술을 과하게 드시고 오시는 날은 불안해서 심장이 콩닥거렸다. 온 집안 식구를 다 깨워 노래를 시켰다. 잠들은 척도 해봤지만 일어나지 않을 수 없었다. 졸면서 노래를 불렀다. 그런데 아버지의 술은 엄마를 가장 불안하게 했다. 엄마는 아버지 때문에 늘 걱정과 불안 속에 살았다. 아버지가 술을 드시고 오시다가 사고 날까, 돌부리에 걸려 넘어질까, 집을 찾아오지 못할까 하는 생각으로 엄마는 항상 불안해했다.

어느 날 새벽, 아버지가 뇌출혈로 쓰러지셨다. 이상하게 불안한 생각은 딱 맞아떨어진다. 그날도 술을 과하게 드신 날이었다. 혈압이 올라 뇌의 핏줄이 터졌다고 했다. 병원으로 모시고 갔지만, 가망이 없다고 했다. 엄마는 포기하지 않고 부산에 있는 대학병원으로 갔다. 대학병원에서도 별 차도를 보이지 않자 뇌혈관 치료를 잘한다는 유명한 의사가 있는 병원을 수소문해서 그리로 옮겼다. 엄마는 지극정성으로 아버지를 돌봤다. 우리를 알아보지는 못했지만 살아계신 것만으로 기뻤다. 엄마는 자갈치 시장에 가서 살아 있는 민물장어를 사 왔다. 그걸 고아서 삼시 세끼를 드시게 했다. 장어를 솥에 넣으면 힘이 얼마나 센지 몇 번이나 뛰쳐나왔다. 장어 때문에 식겁했던 적이 한두 번이 아니었다.

하늘이 감동했는지 기적이 일어났다. 죽는다는 사람이 살아난 것이다.

2년 동안 꼼짝없이 누워만 있던 사람이, 우리를 알아보지도 못하던 사람이 병상에서 일어난 것이다. 아버지는 감사하게도 날이 갈수록 건강해졌다. 엄마는 엄청난 긍정의 힘을 가지고 계신 분이었다. 불안한 마음 너머 희망을 보고 있었다. 아버지가 일어날 거라는. 엄마는 불안과 걱정 대신 희망을 품고 있었다. 엄마가 진즉 포기했다면 아버지는 이 세상 사람이 아니었을 것이다. 엄마가 아버지를 돌보는 동안 할머니와 언니가 오빠, 남동생, 나를 챙겼다. 우리의 삶은 불안했지만 한 번도 아버지가 돌아가신다는 생각을 해본 적이 없었다. 오히려 살아난다는 긍정적인 간절한 희망을 품고 있었던 것 같다. 이런 희망들이 우리를 살게 했다. 엄마에게서 저 불안 너머로 희망이 있다는 사실을 배웠다. 우리가 온 마음을 던지면 우리 몸이 그 마음을 뒤따를 것이라는 …. 엄마는 갖가지 장벽들 너머로 희망이 있다는 믿음을 가지고 긍정적인 마음으로 온갖 장애물을 헤치고 아버지를 살려냈다. 불안을 긍정과 간절한 희망으로 이겨낸 위대한 엄마였다. 엄마가 보고 싶은 날이다.

아들이 네 살 때 높은 곳에서 뛰어내린 적이 있었다. 발목이 삐끗한 줄 알고 병원에 갔더니 아무 이상이 없다고 했다. 세월이 흘러 초등학교 6학년 때 발목이 시큰거린다면서 절뚝거렸다. 병원에 가서 검사했더니 뼈에 구멍이 생겼다고 했다. "이게 무슨 일이지?" 문득 네 살 때 높은 곳에서 뛰어내렸던 기억이 났다. 그리고 나는 겁에 질려버렸다. 혹시 발목이 잘못되어서 아들이 걷지를 못하면 어떻게 하나 싶어 내가 생각할 수 있는 갖가지 불안한 생각들을 몽땅 총동원했다. 엄마로서 책임을 다 못 한 것 같아서 아들에게 너무 미안했다. 눈물이 계속 흘렀다. 수술 날짜를 잡았다. 잘 가지도 않는 성당에 가 기도를 했다. 내가 할 수 있는 일은 기도밖에 없었다. 하느님께 무릎 꿇고 눈물 흘리며 이렇게 기도했다. '내 뜻대로 되게 하지 마시고 당신 뜻대로 되게 하소서.'라고. 기도하는 순간 마음이 편해졌다. 아들이 수술하는 날이 되었다. 진료실에 들어가서 의사의 심각한 얼굴을 보는 순간 가슴에 공포가 밀려왔다. 그러나 의사는 내가 생각하는 만큼 심각한 것은 아니니 걱정하지 말라고 했다. 구멍 난 뼈는 차츰 살이 차올라서 막힌다고 했다. 우리 아이를 건강하게 만들어주신 하느님께 감사의 기도를 드렸다. 기도가 엄청난 힘을 발휘한다는 걸 난 알았다. 불안과 걱정이 가득 찬 마음에 간절한 기도를 함으로써 평화를 얻고 새로운 힘을 얻는다고 믿었다.

만일 걱정이 되고 불안하다면 하느님께 기도를 한번 해보는 건 어떨까? 세계적으로 저명한 과학자 알렉시 카렐 박사는 이렇게 말했다. "기도는 인간이 낼 수 있는 가장 강력한 형태의 에너지이다." 하느님을 믿건 안 믿건 간에 상관이 없다. 불안을 느끼거나 걱정이 있을 때 기도는 우리의 고민이 무엇인지를 정확히 말로 표현하게 해준다고 한다. 누군가에게 말 못 할 고민을 털어놓을 수 없을 때도 하느님께 털어놓을 수 있다.

무언가를 이루어 달라고 하루도 빠지지 않고 기도를 하는 사람은 기도의 덕을 보게 된다고 믿고 있다. 이루기 위해서 어떤 행동을 취할 수밖에 없기 때문이다. 기도는 신비한 자연의 힘이다. 불안한 마음을 뒤로하고 눈을 감고, 잠깐 멈춰서 생각을 정리해보자. 곤두섰던 신경이 가라앉고 몸이 편안해지면서 활력이 생긴다. 기도로 마음의 짐을 덜고 불안의 덫에서 빠져나와 불안과 두려움을 극복하는 삶으로 나아갈 수 있기 때문이다.

06

## 긍정은 나의 친구가 되었다

한 번도 나아지는 것 같지 않은 삶과 눈길 한 번 제대로 주지 않는 세상에 깊이 좌절해 상심할 때, 인생살이가 너무 힘들어서 포기하고 싶을 때가 있었다. '왜 내 팔자는 이럴까?', '왜 나는 운이 안 따를까?'라고 생각하며 열등감에 사로잡혀 절망의 늪에 빠져 있었다. 나는 절망에서 벗어나서 행복해지고 싶었다.

행복해지려면 어떻게 해야 하나? 무얼 먼저 해야 하나? 먼저 버려야 할 것부터 찾았다. 내 마음의 습관을 점령하고 있는 열등감과 부정적인 생각을 버려야 했다. 자신감을 회복하기 위해서 긍정적인 생각부터 하기로 했다. 나날이 자라는 자신감은 부정을 긍정으로 변화시킬 것이고, 강력한 힘이 나를 도울 것이라는 사실을 깨달았다. 긍정적인 사람들의 특징은 무엇일까? 그들은 자기 자신을 위해, 그리고 주변의 모든 사람을 위해 스스로 행복을 만들어내는 사람들이다. 그들은 부정적인 마음에 사로잡히지 않고, 더욱 밝은 쪽으로 생각을 전환하는 힘을 지니고 있다. 긍정적인 사람은 세상을 보는 방향을 긍정적인 쪽으로 정할 줄 알며, 자신만의 독특한 삶의 틀을 만들어낸다. 긍정적인 사람이 부정적인 면을 전혀 모르는 것도 아니다. 부정과 긍정의 사이에서, 긍정을 선택했을 뿐이다.

〈법륜 스님의 즉문즉설〉에서 긍정적 사고에 대해서 말했다. "과학 잡지에 보면 우리 뇌 활동이 사물을 부정적으로 인식하는 구조로 되어 있다고 해요. 매사를 부정적으로 보는 구조로 되어 있답니다. 부정적 사고가 보통 사람들의 사고라면, 긍정적 사고는 믿음이 강한 사람의 사고죠." 라고 했다. 법륜 스님의 말씀처럼 생각을 돌이켜서 다른 관점에서 바라보면 부정적 사고가 긍정적 사고가 될 수도 있다고 했다. 관점을 바꾸고 부정적 생각을 꺼버리면 긍정적 스위치가 켜진다. 부정적인 관점을 바꾸어라. 그러면 어느새 긍정은 나의 친구가 되기 위해 가까이 다가오고 있을 것이다.

나는 무엇이든 가르치는 일을 좋아한다. 교사가 되고 싶었는데 임용시험에 떨어졌다. 가르치는 일을 찾다 보니 학습지 교사가 있었다. 이 일은 잘할 수 있을 것 같았다. 아이들을 가르치고 돈도 벌고 꿈에 부풀어 학습지 회사에 들어갔다. 교육을 받아보니 쉽지는 않겠지만 잘할 수 있겠다는 생각을 했다. 아이들만 가르치면 끝나는 일인 줄 알았는데 아이들을 모집하는 일도 해야만 했다. '내가 이 일을 해낼 수 있을까.'라는 물음이 들려왔다. '난 할 수 있다.'라고 내면의 목소리가 대답했다. 전투 형태로 현장에 뛰어들었다. 아이들을 가르치는 일은 너무 재미있었다. 길 가다가 아이들을 만나면 사탕도 주고 안내 전단도 나눠주며 "엄마에게 꼭, 갖다 드려."라는 말을 잊지 않을 정도로, 하는 일에 전문가가 되었다. 처음엔 창피해서 말이 잘 안 나왔다. 이마에 땀이 나고 등엔 식은땀이 흘렀다. '자존심이 있지 내가 왜 이런 일을 해야만 해?' 전단 나눠주고 회원 모집하는 일은 나 자신을 초라한 존재로 느끼게 했다. 자존감은 바닥이었다.

바깥에서 회원 모집 이벤트 행사를 할 때였다. 하필 내가 사는 동네에서 했다. 지나가는 사람 중에 나를 알아보는 사람이 있을까 봐 얼마나 마음을 졸였는지 모른다. 풍선을 나눠주며 홍보하는 일이 너무 부끄러워서 자꾸만 숨을 곳을 찾았다. 그러다가 아들 친구 엄마와 눈이 딱 마주쳤다. 그 엄마가 내게 다가와서 내가 일을 한다니 너무 부러워했다. 나보고 능력도 좋다고 했다. 자신은 주부로만 집에 있는 것이 꿈도 없고 열등감만 생긴다며 한숨을 내쉬었다. 자존감이 바닥이었던 내가, 회원 모집에 열등생이었던 내가 아들 친구 엄마 말에 내가 부러움의 대상이구나 알게 되었다. 부정적인 생각으로만 똘똘 뭉쳐 있던 나는 그다음 날부터 이마에 땀도 안 흘리고 전단을 나눠주기 시작했다. 수업도 신났고 회원 모집하는 일도 덩달아 신났다. 수입도 따라왔다. 내가 계속 부정적인 생각을 계속했다면 일을 오래 하지 못했을 거다. 부정적인 생각을 버리니 돈도 따라오고 긍정이라는 환한 세상이 나타났다. 어둠에서 밝은 빛이 쏟아지는 세상으로.

"좋은 일을 생각하면 좋은 일이 생긴다. 나쁜 일을 생각하면 나쁜 일이 생긴다. 여러분은 여러분이 온종일 생각하고 있는 것, 바로 그것이다."

– 조셉 머피

우리는 온종일 오만 가지 생각을 한다. 그 오만 가지 생각 중에, 어니 젤린스키가 '96%는 쓸데없는 생각'이라고 했다. 그런데 나도 그 오만 가지를 생각하는 사람 중의 하나였다. 엄마가 돌아가시고 난 뒤 죽음에 대해서 생각이 많아졌다. '내가 갑자기 죽으면 어떡하지?'라는 불안감이 생겼고, '죽음이란 게 뭘까?', '죽고 난 뒤에 우리는 어디로 갈까?', '죽을 때 고통스러울까?', '저승사자가 데리러 온 걸까?' 등등 많은 생각을 했다. 죽은 뒤에 어떤 일이 일어나는지도 알고 싶었다. 사후 세계를 알고 싶어서 그랬을까? 마침, 유튜브 동영상 〈김도사 TV〉에서 '죽음 이후의 삶, 사후 세계는 존재할까?'를 보게 되었다. 영상에서는 죽음은 우리가 다른 차원으로 들어가기 위한 통과의례이고, 우리가 살아가고 있는 이 세계는 3차원 세계며, 영혼만 다른 차원으로 간다는 말을 했다.

그리고 『초인대사 100문 100답』이라는 책은 인간의 모든 문제에 관해 질문과 답변 형식으로 내용이 꾸며져 있다. 이 책에서는 죽음을 고통스럽다거나 무섭다고 생각하지 말기를 바란다고 했다. 탄생하는 것이 자연스러운 것처럼 죽음도 자연스러운 것이라고 했다. 우리가 태어나면서 수명도 정해져 태어난다 했다. 100살로 정해진 사람도 있고, 80살로 정해진 사람도 있으며, 태어나자마자 죽는 사람이 있다 했다. 김도사님의 영상과 책에서의 놀라운 내용을 통해 죽음에 대해서 조금은 긍정적으로 생각하게 되었다. 현실에서의 우리 수명이 정해져 있다는 놀라운 사실이었다. 죽음에 대한 불안한 생각이 조금 사라졌다. 수명이 정해져 있다고 하니 불투명하고 보이지 않는 미래가 아니라, 하고 싶은 일을 할 수 있는 시간이라 여기면 그 시간을 맞이하는 설렘을 느낄 수 있지 않을까? 쓸데없는 생각에 시간 낭비 말며, 최선을 다해 긍정적인 사고방식으로 현실을 살며 불평하지 말고 감사하는 마음으로 살아가라는 계시다.

"물이 반이나 남았네!"

"물이 반밖에 안 남았네!"

우리는 어떻게 생각을 할까? 물이 반밖에 남지 않았다고 생각한 사람들이 더 많을 것이다. 물이 반이나 남았다고 생각한다면 적어도 그 물만큼은 시원하게 마실 수 있지 않을까?

원효대사의 '해골 물' 이야기처럼 문제를 어떻게 대하고 어떻게 해결할지는 우리의 생각에 달려 있기 때문이다. 원효대사가 아침에 눈을 떠서 해골 속에 물을 본 순간, 더럽다는 부정적인 생각을 했다면 오늘날 우리가 아는 원효대사는 없었을 것이다. 긍정적 사고의 힘을 깨우쳤기에 결국, 좋은 결과가 찾아온 것이었다. 무언가 배우게 되었음에 감사하고 환경을 탓하지 않고 변화를 기회로 삼았다. 원효대사의 긍정적인 실행력이 대단하다.

주변에 보면 원하는 것을 얻기 위해 시도조차 하지 않는 사람들이 있다. "어차피 안 될 건데 해서 뭐해." 될 생각보다는 안 될 생각을 먼저 하고 있다. 안 되는 이유를 찾는 데는 도가 트였다. 나도 변화를 겪을 때마다 변화가 너무 싫다는 생각을 한 적이 있다. 변화를 기회로 삼는 긍정적인 사람들의 행동이 대단하다고 생각했다. 그러나 나에게는 나만의 인생 경험이 있고 그 과정에서 얻은 긍정이 있다. 그러므로 다른 사람들에게 말을 할 수 있을 것 같다. 긍정과 친구가 되었더니 내 인생이 바뀌었다고. 긍정은 나를 신바람 나게 하는 친구다. 긍정은 몸치도 춤추게 한다.

신바람이 절로 난다. 매일 축제일 것 같다. 누군가 희망이 없을 때, 삶에 지쳐갈 때, 나의 긍정적인 힘이 사람들의 불안한 삶을 일으켜 세울 수 있도록 도움을 줄 수 있을 것이다. 너무 기분 좋은 상상이다. 나 자신의 지혜와 노하우를 공유하고 나의 경험과 도움이 필요한 사람을 도우며 평생 함께 성장하는 긍정의 친구가 되고 싶다.

"명확한 목적이 있는 사람은 가장 험난한 길에서조차도 앞으로 나가고, 아무런 목적이 없는 사람은 가장 순탄한 길에서조차도 앞으로 나가지 못한다."

– 토머스 칼라일

07

## 긍정이 새로운 희망을 품게 했다

우리 인생은 불안하거나 절망적이거나 최악의 일들만 생기지 않는다. 어려웠던 일들로 인해 좋은 일들도 생기고 희망도 생긴다. 그 당시에는 힘들고 참기 힘든 고난이었으나 지나고 보면 언제나 변함없이 우리의 긍정성이 남아 있기에 희망을 품게 한다.

한 할머니에게 두 아들이 있었습니다. 큰아들은 소금장수이고 작은아들은 우산장수였습니다. 할머니는 하루도 근심 걱정이 끊이지 않았습니다. 비 오는 날이면 큰아들의 소금이 팔리지 않는다고 근심이요, 해가 뜨는 화창한 날이면 작은아들의 우산이 팔리지 않는다고 울상이었습니다. 어느 날 할머니 집에서 하루를 묵게 된 나그네가 있었습니다. 할머니에게 아들 얘기를 들은 나그네는 빙그레 웃으면서, 이렇게 말했습니다. "할머니, 쾌청한 날은 큰아들이 소금을 많이 팔아서 좋고, 비 오는 날은 작은아들이 우산 많이 팔아서 좋고, 쾌청한 날은 작은아들이 집에 있으면서 쉬어서 좋고, 비 오는 날은 큰아들이 집에서 쉴 수 있으니 또 좋잖아요. 늘 좋은 날이고 기쁜 날이니 어서 근심 보따리 다 내려놓으세요." 할머니는 그날 이후로 얼굴에 웃음꽃이 만발하고 모든 것을 긍정적으로 좋은 생각을 하면서 남에게 베풀고 배려하고 양보하면서 천수를 누렸다고 합니다.

이 이야기에서 세상은 거울과 같아서 세상을 보는 눈에 부정이 들어 있으면 세상이 부정적으로 보이고, 세상을 보는 눈을 긍정적으로 바꾸면 세상이 긍정적으로 보이게 된다. 우리는 생각을 긍정적으로, 희망적인 눈으로 바라보는 기술을 배워나가야 할 것이다.

"우주의 기운은 자석과 같아서 우리가 어두운 마음을 지니고 있으면 어두운 기운이 몰려온다. 그러나 밝은 마음을 지니고 긍정적이고 낙관적으로 살면 밝은 기운이 밀려와 우리의 삶을 밝게 비춘다."

– 법정 스님

미국의 17대 대통령인 앤드류 존슨은 긍정의 힘을 발휘했던 대표적인 사람이다. 그는 세 살에 아버지를 여의고 몹시 가난하여 학교 문턱에도 가보지 못했다고 한다. 그는 열세 살에 양복점에 취직해서 열일곱 살 때 양복점을 차려 돈을 벌었다. 그는 구두 수선공의 딸과 결혼을 한 후 부인한테서 글을 읽고 쓰는 법을 배우게 되었다. 그 후에 존슨은 정치에 뛰어들어 주지사, 상원 의원, 16대 미 대통령 링컨을 보좌하는 부통령이 되었다. 그리고 링컨 대통령이 암살된 후 대통령 후보에 출마해서 상대편 후보로부터 맹렬한 비판을 받았다. '한 나라를 이끌어가는 대통령이 초등학교도 나오지 못하다니 말이 됩니까?'라고. 그러나 존슨은 언제나 침착하게 대답한다. 그리고 이 한마디로 상황을 역전시켜 버린다.

"여러분, 저는 지금까지 예수 그리스도가 초등학교에 다녔다고 하는 말을 들어본 적이 없습니다. 이 나라를 이끄는 힘은 학력이 아니라 긍정적 의지의 힘입니다."

그는 국민의 열렬한 환호와 지지를 받게 되었고 상황이 뒤집혀 대통령에 당선된다. 그는 재임 시에 구소련 영토 '알래스카'를 단돈 720만 달러에 사들였다. 그러나 국민은 얼어붙은 불모지를 산다고 협상 과정이 진행 중일 때 그를 향해 폭언과 욕설을 퍼부었다. 그러나 그는 "그 땅은 감추어진 무한한 보고이기에 다음 세대를 위해 사둡시다."라면서 국민과 의회를 설득하여 찬반 투표로 알래스카를 매입했다. 오늘날 '알래스카'는 미국의 중요한 군사적 요충지이자 천연가스, 석유, 금 등의 천연자원이 풍부한 미국의 보고가 되었고, 그는 미국 역사상 최고의 위대한 대통령으로 신뢰받는 인물 중 한 사람이 되었다. 긍정적인 미래 안목이 현재의 위치를 만들지 않았을까. 긍정의 힘은 무한하고 위대하다는 사실을 다시 깨닫는다. 우리는 긍정의 마음을 키우기 위해 화초를 키우듯 물도 주고 비료도 주면서 마음 키우기를 하고 있으면 어느새 긍정의 힘도 커져 있다는 것을 느끼게 될 것이다. 여기에 또 긍정의 한 예화가 있다. 가끔 웃음 유머 치료 교실에 오시는 80대 할머니가 계시는데 늘 행복한 모습으로 싱글벙글 미소가 얼굴에서 떠나지 않는다. 부럽기도 하고 또 그 비결이 궁금해서 말을 붙였다. "할머니, 요즘 건강하시죠?"라고. 그러자 할머니가 씩씩하게 "응, 아주 아주 건강해. 말기 위암 빼고는 다 좋아."라고 한다. 그 대답에 머리끝에서부터 발끝까지 백만 볼트 전기로 감전되는 듯한 전율을 느꼈다. 할머니는 너무너무 행복하다고 말씀하신다.

아무것도 없이 태어났는데 이제는 집도 있고, 남편도 있고 자식들도 다섯 명이나 있다는 것이다. 이제 암이 몸에 들어와서 예정된 시간에 태어난 곳으로 갈 수 있다니 얼마나 즐겁고 행복한 일이냐는 것이다. 언제 세상을 떠나게 될지 알기에 행복하다는 것이다. 삶이 무엇인지, 행복이 무엇인지, 마음의 평화가 무엇인지를 다시 한번 생각하게 된다. 그런데 만약 내가 말기 암이라면 할머니처럼 살아갈 수 있을지 의문이 든다. 그러나 이왕 사는 거라면 하루라도 행복하게 살다가 가고 싶다. 행복은, 세상을 바라보는 긍정적인 잣대이다. 긍정적인 생각 없이는 우리는 매 순간 행복해질 수 없을 것이라는 걸 알고 있다. 사람들은 언제나 행복을 원한다. 많은 것을 가지고 있으면서도 행복하지 못한 사람이 있다. 반면 아무것도 가진 게 없지만, 행복한 사람들도 있다. 중요한 것은 긍정적인 마음을 선택하지 않고는, 희망을 선택하지 않고는 결코 행복하다고 느끼거나 웃을 수 없다는 것이다. 행복은 끝없이 불안한 상황에 굴하지 않고 긍정적인 안목으로 그것에 다가가는 능력에 달려 있음을 살아가면서 느끼게 된다. "내 인생은 왜 이렇게 힘들기만 할까?" 누구나 한 번쯤은 힘든 순간을 겪을 수 있다. 그렇지만 어떻게 그 상황을 받아들이며 이겨나가는지는 오로지 나만의 선택이고 누구도 대신해줄 수 없다.

우리는 매일 여러 가지의 선택을 하며 삶을 살아가고 있다. 그 선택이 옳은 것인지 잘못된 것인지는 아무도 모르고 본인만 알고 있다. 아무리 힘든 시간도 언젠가는 지나간다는 것. 에디슨은 청각장애로 매우 고통받았다고 한다. 그의 청각에 장애가 생긴 것은 소년 시절 신문을 팔다가 기차에서 떨어졌기 때문이라고 한다. 에디슨이 신문을 팔며 기차의 한쪽 구석에서 실험하다, 어느 날 기차의 진동으로 실험 약품이 떨어져 불이 났고 이에 격분한 차장이 에디슨을 떠밀었다. 이때 귀를 다쳤다고 하는데 "귀가 잘 들리지 않아 연구하기 힘들지 않았는가?"라는 질문을 받고 에디슨은 이렇게 대답했다고 한다. "나는 귀머거리가 된 것을 감사하게 생각합니다. 딴소리에 신경 쓰지 않고 연구에만 몰두할 수 있게 해주었으니까요." 에디슨의 긍정적인 생각과 강한 연구 열망은 절박한 심정의 결과였다. 나 역시도 내 인생이 너무 힘든 적이 있었다. 그때 위기를 기회로 삼은 덕분에 감사한 날들이 기다리고 있었다. 우리가 힘들 때 주저앉아 "내 인생은 왜 이렇게 힘들기만 할까?"라고 부정적인 생각을 할 시간에 "된다, 된다, 나는 된다."라고 외쳐보자. 희망의 무지개가 떠오를 것이다.

긍정적인 생각과 마음가짐으로 말하고 행동함으로써 다른 사람들에게도 희망을 품게 할 수 있다. 말의 해석도 '아' 다르고 '어' 다르다. 옛날에 동양의 어떤 임금이 꿈을 하나 꾸었다. 그 꿈은 자기의 이빨이 하나하나 다 빠져버리는 꿈이었다. 왕은 나라에서 유명한, 해몽하는 사람을 불러다 꿈을 해석하게 하였다. 그는 꿈을 풀어 해석하기를 임금님의 친척들이 한 사람씩 죽어서 맨 나중에는 임금님만 남게 된다고 했다. 기분이 언짢은 임금은 그를 죽였다. 임금은 계속해서 다른 해몽하는 사람을 구해오라고 했다. 그래서 새로운 사람이 임금님의 꿈 얘기를 들은 후에 다음과 같이 해석을 내렸다. "임금께서는 집안의 모든 친척보다는 가장 장수를 해서 오래오래 사신다는 꿈입니다." 왕은 대단히 기뻐하며 그에게 많은 상금을 내렸다는 것이다. 두 사람은 똑같은 사실을 똑같이 해석한 것이었지만 그것이 부정적이었느냐 아니면 긍정적이었느냐에 따라서 그 운명을 전혀 달리 했던 것이었다. 밀턴은 『실낙원』에서 "마음이 지옥을 천국으로 바꾸고, 천국을 지옥으로 바꾼다."라고 했다. 어떤 생각을 가지느냐에 따라 인생은 얼마든지 바뀐다는 것이다. 우리의 마음에 희망을 품고, 희망을 전달하는 메신저가 되어보자. 희망으로 불안한 시국에 우리 주변을 활기 넘치게 만들어주는 희망의 메신저가 되었으면 하는 마음이 더욱 간절해진다. 긍정적인 말 한마디는 불가능한 일도 가능하게 만들 수 있다. 긍정적인 단어나 말은 듣기만 해도 희망이 되고, 사람들에게 활기와 웃음, 넘치는 에너지를 주게 될 것이다. 특히 어려운 시기에 던지는 친절한 말, 용기를 북돋아주는 긍정적인 말은 우리에게 새로운 희망을 품게 할 것이다.

# POSITIVITY

2장

# 어떤 불안한 삶도 긍정에서 버텨낼 수 있다

불안한 삶을 일으켜 세우는 긍정의 기술

01

## 신의 선물,
## 긍정의 힘

신이 우리에게 긍정이라는 선물 대신 절망이라는 선물을 주었다면 우리의 삶이 어떠했을까? 신은 불안한 삶을 살아가고 있는 우리를 절망에서 희망으로 끌어 올릴 수 있었을까? 대다수가 불가능하다고 답할 것이다. 주위에 절망으로 불안한 삶을 이겨냈다고 하는 사람이 거의 없기 때문이다. 그 대신에 긍정의 힘으로 살아가기 위해선 우리 자신이 감사하는 마음이 가득 찬 사람으로 바뀌어야 하는데 그렇지 못하다. 요즘같이 어려울수록, 우리가 감사하며 산다는 것은 쉽지 않은 일이다. 우리 주위를 돌아보면 감사할 일보다는 화나고 짜증이 나는 일들이 먼저 눈에 띈다.

UC 데이비스 대학의 심리학 교수인 로버트 에몬스의 실험에 의하면 매일 또는 매주 감사일기를 쓸 때 사람들의 행복지수가 높게 나타난다는 사실이 밝혀졌다. 그는 12세에서 80세 사이의 사람들을 상대로 한 그룹에는 감사일기를 매일 또는 매주 쓰게 하고 다른 그룹에는 일상의 아무 사건이나 일을 적도록 했다. 한 달 후 감사일기를 쓴 사람 중 4분의 3은 행복지수가 높게 나타났다고 한다. 그러면 어떻게 감사일기를 쓸까? 노트 한 권을 준비해서 하루 중에 감사한 일 다섯 가지씩만 쓰기. 일명 감사 노트다. 좋은 노트가 아니라도 좋다. 그냥 자기 전에 머리맡에 두고 글을 적을 수만 있으면 된다. 각종 스트레스와 어려운 환경에서 감사할 내용을 찾는다는 것은, 정말 사실 쉬운 것이 아니다. 그럴 때 그저 사소한 것에서라도 감사할 일을 찾다 보면 의외로 감사할 것들이 많음을 알 수 있다.

"감사할 수 있는 사람이 삶의 주인공이 되고 선택권이 주어질 것이다. 아무리 많은 부와 명예를 누릴지라도 감사함이 무엇인지 모르는 자는 삶의 주인이 아니라, 노예인 것이다."

– 오프라 윈프리

감사일기로 유명한 사람이 있다. 오프라 윈프리이다. 지독하게 가난한 미혼모에게 태어나 어머니의 품이 아닌 할머니 손에서 자랐고, 그곳에서 삼촌에게 성폭행을 당하였고, 14세에 출산과 동시에 미혼모가 되었고,

아이는 태어난 지 2주 만에 죽었고, 그 충격에 가출하여 마약 복용으로 하루하루를 지옥같이 살았으며, 살고자 하는 의욕이 전혀 없는 107kg의 몸매를 가졌던 여인 오프라 윈프리. 하지만 오프라 윈프리는 지금 눈부신 존재로 우뚝 섰다. 전 세계의 1억 4000만 시청자를 웃고 울리는 토크쇼의 여왕으로, 영화배우로, 자산 6억 달러의 부자로, 미국인이 가장 존경하는 여성이 되었다. 사람들이 인생에서 가장 얻고 싶다는 인기, 존경, 돈을 모두 가진 여성이 되었다. 밥 먹는 일 외에 오프라 윈프리가 하루도 빼먹지 않은 일이 있다. 날마다 감사의 일기를 쓰는 일이다. 그녀는 하루 동안 일어난 일 중 감사한 일 다섯 가지를 찾아 기록한다. 감사의 내용은 거창하거나 화려하지 않고 지극히 평범하고 일상적이다.

"오늘도 거뜬하게 잠자리에서 일어날 수 있어서 감사합니다." 매우 일상적인 것들에 대한 감사가 오프라 윈프리가 힘든 시기를 이겨낼 수 있게 해준 힘이 되었다고 한다. 오프라 윈프리는 감사일기를 통해 두 가지를 배웠다고 한다. 첫째는 인생에서 정말 소중한 것이 무엇인지를 알게 되었다고 한다. 두 번째는 삶의 초점을 어디에 맞춰야 하는지를 명확히 알게 되었다고 한다. 어렸을 적 힘든 고난을 겪었던 오프라 윈프리가 지금의 오프라 윈프리로 바뀌는 과정에는 감사일기가 있었다. 오프라 윈프리처럼 나도 감사일기를 쓰고 있다. 그 덕분에 긍정적이고 감사하는 마음이 많이 생겼다고 할 수 있다. 세상을 살아가는 데 감사일기가 많은 도움이 되었다. 사소한 것들도 소중하게 여기는 마음도 생겼다. 긍정과 감사는 신이 우리에게 준 축복의 선물이다. 감사를 함으로써 우리는 긍정적인 사람으로 바뀌어간다. 부부지간에도, 자녀에게도, 형제지간에도, 친구나 이웃에게도 구체적인 방법으로 감사를 표현하면서 살아가는 것, 이렇게 좋은 건 없을 것 같다. 복 받은 사람은 매 순간이 감사하고, 복 받지 못한 사람은 매 순간이 불평불만이다. 이렇듯 복이란 그저 모든 일에 감사하는 마음 즉 고마움을 가져야 한다. 고마워하고 감사하는 마음을 가져야만 감사한 일들이 계속 생겨나는 것이다. 두 눈이 보이지 않지만 보이는 우리보다 더 감사의 마음을 가지고 있는 헬렌 켈러, 『3일 동안만 본다면』에서 헬렌 켈러가 얼마나 긍정과 감사로 마음이 꽉 차 있는지 느껴진다.

"만약 내가 이 세상을 사는 동안에 유일한 소망이 하나 있다고 하면 그것은 죽기 직전에 꼭 3일 동안만 눈을 뜨고 보는 것이다."

– 헬렌 켈러

"만약 내가 눈을 뜨고 볼 수 있다면 나는 나의 눈을 뜨는 그 첫 순간 나를 이만큼 가르쳐주고 교육해준 나의 선생 설리반을 찾아가겠다. 지금까지 그녀의 특징과 얼굴 모습을 내 손끝으로 만져서 알고 있었는데, 그녀의 인자한 얼굴 그리고 아리따운 몸매 등을 몇 시간이고 물끄러미 보면서 그녀의 모습을 나의 마음속 깊이 간직해 두겠다. 다음엔 친구들을 찾아가고, 그다음엔 들로 산으로 놀러 가겠다. 바람에 나풀거리는 아름다운 나무 잎사귀들, 들에 피어 있는 예쁜 꽃들과 풀들 그리고 저녁이 되면 석양에 빛나는 아름다운 노을을 보고 싶다. 다음 날 이른 새벽에는 먼동이 트는 웅장한 장면, 아침에는 메트로폴리탄에 있는 박물관, 오후에는 미술관에 가고 싶다. 그리고 저녁에는 보석 같은 밤하늘의 별들을 보면서 하루를 지내고, 마지막 날에는 일찍 큰길가에 나가 출근하는 사람들의 얼굴 모습들을 볼 것이다. 아침에는 오페라하우스, 오후엔 영화관에서 영화를 감상하고 싶다. 그러다 어느덧 저녁이 되면 나는 건물의 숲을 이루고 있는 도시 한복판으로 나와서 네온사인이 반짝거리는 거리, 유리 진열장에 진열되어 있는 아름다운 상품들을 보면서 집에 돌아와 내가 눈을 감아야 할 마지막 순간에 나는 이 3일 동안만이라도 볼 수 있게 하여 준 나의 하나님께 감사한다고 기도를 드리고 영원히 암흑의 세계로 돌아가겠다."

우리는 정말 복 받은 사람이다. 사랑과 감사가 흘러넘치는 두 눈으로 언제나 가족을 볼 수 있고 아름다운 꽃과 노을도 볼 수 있다. 하루하루를 살아가는 원동력인 감사함은 신의 선물로 받은 것이다.

필사는 감정 기복이 심하고 부정적이던 나를 긍정적인 사람으로 변화시켰다. 내가 희망이 없을 때 김도사님의 저서『내가 100억 부자가 된 7가지 비밀』을 읽었는데 책을 덮으면 기억이 하나도 안 났다. 그런데 김도사님의 저서『100억 부자 생각의 비밀 필사 노트』는 나를 위한 책이었다. 이 책의 서문에는 "자신이 얼마나 가치 있는 사람인지, 특별한 존재인지 깨닫기 시작한다. 그동안 없었던 가슴 뛰는 꿈이 생기기 시작한다."라는 문장이 적혀 있는데, 그것을 본 순간 가슴이 마구 뛰기 시작했다. 필사하면서 문장을 한 번씩 더 보게 되니 책의 내용에 더 집중하며 의미를 되새길 수 있었다. 필사하면서 부정적인 마음들이 긍정적인 마음으로 바뀌어 가는 걸 조금씩 느꼈다. 그러면서 꿈이 없는 삶에서 꿈이 생겨나고 내 마음 깊은 곳에 있던 부정적인 생각들이 치유되기 시작하면서 긍정과 용기가 생기기 시작했다. 필사는 열정을 만들어냈고 행복을 내게 선사했다. 매일매일 필사를 하지 않으면 마음이 텅 빈 것처럼 허전했기에 하루도 거르지 않고 필사를 했다. 김도사님의 저서『100억 부자 생각의 비밀 필사 노트』에서 '시련은 변형된 축복'이라는 글이 나온다. 이 글귀를 너무 좋아한다. 시련이 와도 좌절하지 않고 극복할 수 있는 용기가 있다면 축복이 올 것이기 때문이다. 필사는 긍정적인 좋은 에너지를 가지게 해주고, 어떤 불안한 삶도 긍정으로 버텨낼 수 있게 한다. 신의 선물, 긍정의 힘은 우리의 내면에 용기를 만들어주고 의지의 불꽃을 만들어 꽃 피우게 할 것이다.

02

## 미루지 말고 지금 당장 할 것

"방과 책상 정리는 한 번에 빨리 끝내고 나를 정말로 두근거리게 하는 것에 시간을 들이면 자신이 진정으로 원하는 삶을 살 수 있다. 진심으로 설레는 사명을 발견하는 데 정리는 분명 도움이 된다. 그처럼 진짜 인생은 '정리 후'에 시작된다."

–『인생이 빛나는 정리의 마법』 중, 곤도 마리에

집 물건들을 당장 정리하겠다는 마음을 먹은 건 코로나가 터지면서이다. 집에 있는 시간이 많아지니 집 안 곳곳에 널려 있는 쓰지 않는 물건들이 눈에 들어오기 시작했다. 장롱 속에서 옷을 꺼내 입으려면 어디에 뒀는지 몰라 한참을 찾는 일이 반복되니 짜증이 많이 나기도 했다. 아무리 정리를 해도 다음 날이면 원래대로 뒤죽박죽이 되어버려 정리를 아예

하지 않기로 했다. 친구가 집을 이사해서 갔는데 집이 너무 깔끔하게 정리 정돈되어 있어 놀랐다. 친구는 정리정돈을 습관처럼 한다고 했다. 친구 집을 다녀온 뒤, 정리를 미루면 안 될 것 같았다. 정리할 시점이 온 것 같았다.

곤도 마리에는 『인생이 빛나는 정리의 마법』이라는 책에서 "정리가 잘되면 스트레스가 없어지고 회사와 가정에서 성공과 행복이 찾아오게 되어 있다"라고 조언했다. 정리를 잘하면 성공과 행복이 찾아온다니 이제 더 미룰 것 없이 당장 정리를 하기로 했다. 정리하면서 쓰레기봉투 100리터짜리 5개 정도와 신발 20켤레 정도를 버렸다. 버리고 나니 10년 묵은 체증이 내려가고 집이 가벼워져서 기분이 날아갈 것 같았다. 우리는 쓸모없는 생각들이나 물건들을 가지고 있는 게 너무 많다. 지금 당장 버려도 아쉽지 않은 물건들과 생각들만이라도 정리해보자, 마음이 설레게 될 것이다. 마음이 가는 물건만으로 채워진 우리의 공간. 가슴 뛰는 일들을 상상해보자. 이것이 바로 우리가 바라는 최고의 인생이 아닐까? 그 순간부터 우리에게 빛나는 새로운 인생이 시작될 것이기 때문이다. 미루지 말고 지금 당장 할 것은 우리를 정말로 가슴 두근거리는 삶으로 살아가게 하는 것에 시간을 들이자. 진정으로 원하는 삶으로 우리를 데려다줄 것이다.

〈원위크〉라는 영화를 봤다. 주인공은 암 말기로 살날이 2년밖에 남지 않은 환자였다. 주인공은 치료를 거부하고 일주일 동안 오토바이를 타고 여행을 떠났다. 모든 걸 포기한 주인공은 여행 중에 만난 사람들에게서 새로운 희망을 보게 된다. 결국에는 집으로 돌아와 치료를 받는 내용이었다. 영화 속 대사 중에 "만약 당신의 삶이 일주일밖에 남지 않았다면 지금 당장 무엇을 하겠는가?"라고 주인공이 물었다. 나는 머릿속이 새하얘졌다. 일주일밖에 시간이 없다면 당장 하고 싶은 일이 뭔지 생각이 나지 않을 게 분명하기 때문이다. "내일 지구가 멸망하더라도 오늘 한 그루의 사과나무를 심겠다."라고 한 철학자는 무척 긍정적이고 내면이 강한 사람이었을 것 같다.

전영철은 저서 『나는 더 이상 행복을 미루지 않기로 했다』에서 "스스로 불행해지는 길이 여러 가지가 있는데, 그중 하나가 바로 남에게 인정받고자 지나치게 애쓰는 일이다. 다른 사람의 칭찬에 목말라 하며 살아가다 보면 자신을 잃어버리기 쉽다. 나이가 들수록 돈보다, 명예보다 내면의 나와 만나는 것을 더욱 소중히 여겨야 하는 이유가 바로 그것 때문이다."라고 조언했다. 나는 여태껏 남들의 눈을 의식하며 살아왔다. 남에게 친절해야 한다. 남에게 인정을 받아야 한다. 남에게 싫은 소리 하지 말아야 한다. 지나치게 남을 의식하며 살았다. 내가 참으면 모든 것이 다 해결되었고 집안에 평화도 왔다. "만약 당신의 삶이 일주일밖에 남지 않았다면 지금 당장 무엇을 하겠는가?"라는 질문은 내게 더 늦기 전에 남의 눈치 보지 말고 하고 싶은 것을 해보라는 계시였다. 나는 이 영화 덕분에 내 인생이 소중하게 느껴졌다. 내 인생 경험으로 책 쓰기를 하고 싶었다. "설마 내가 책을 쓸 수 있을까? 설마 나 같이 평범한 사람이 책을 쓸 수 있을까?"라는 의문이 들었지만 더는 미룰 수 없는, 당장 해야 할 일로 정했다.

〈한책협〉 대표 대한민국 책 쓰기 코치 김도사님은 저서 『내가 100억 부자가 된 7가지 비밀』에서 "평범한 사람이 비범한 사람이 되는 건 책 쓰기밖에 없다."라고 했다. 김도사님은 끊임없이 책 쓰기를 강조했다. "책을 써야 자존감이 높아진다 했다."라고 했다. "성공해서 책을 쓰는 것이 아니라 책을 써야 성공한다."라고 했다. 이 말들은 내 속에 잠들어 있는 거인들을 깨워냈다. 나를 설레게 했다. 하고 싶은 일을 미루기에는 내 인생이 너무 짧다는 생각을 했다. 하루라도 빨리 한 살이라도 젊을 때 해야만 했다. 시작할 때가 가장 젊은 나이라고 생각했다. 내가 하고 싶은 일이기에 당장 시작했다. 책 쓰기는 내게 많은 변화를 가져왔다. 없던 꿈이 생겨나서 간절한 꿈이 되었고, 부정적인 사고가 긍정적인 사고로 변했다. 김도사님 말처럼 자존감이 높아지고, 독자에서 저자의 위치로 신분 상승이 될 꿈도 가졌다. 나는 책 쓰기로 내 인생을 바꾸고 싶었다. 당신도 인생을 바꿀 수 있다. 미루지 말고 지금 당장 시작하자. 꿈이 없는 사람을 꿈꾸게 하고 희망이 없는 사람을 희망이 생기게 하는 그런 사람이 되어

보자. 인생은 천천히 바뀌는 게 아니라 한순간에 바뀐다고 했다. 세계 헤비급 전 챔피언 무하마드 알리의 명언 중에 "챔피언은 경기장에서 만들어지는 것이 아니다. 챔피언은 자신의 내면 깊숙이에 있는 소망, 꿈, 이상에 의해 만들어진다."라는 말이 있다. 우리 자신을 꿈꾸는 사람으로, 우리 자신을 인생의 챔피언으로 만들어보자.

오사마 준이치는 『커피 한 잔의 명상으로 10억을 번 사람들』에서, "나는 몇 주간, 혹은, 몇 개월 동안 '나는 부자다. 나는 풍요로워지고 있다.'라고 말했는데 '아무 일도 일어나지 않았어요.'라고 말한 사람도 있고, 또 '나는 지칠 때까지 나는 풍요로워지고 있다라는 긍정적인 말을 되뇌었지만, 상황은 더 나빠졌습니다.'라고 말하는 사람도 있습니다. 이것은 어찌 된 일일까요? 그러나 이런 사람들을 자세히 살펴보면 하나 같이 마음속으로 자신이 거짓말을 하고 있다는 느낌을 인지하고 있음을 알았습니다. 다시 말하지만, 잠재의식은 그 사람의 본심밖에 받아들이지 않습니다."라고 했다. 난 이 글을 읽고 머리를 망치로 한 대 맞은 느낌이었다. 나는 미치도록 부자가 되고 싶어서 입으로는 '난 부자야.'라고 말했다. 하지만 내 잠재의식에는 '난 가난한 사람이야. 내가 부자가 가당키나 해.'라는 생각이 도사리고 있었다. 잠재의식이 거짓말을 하고 있으니 부자가 되기가 어려운 것이다. 가난한 의식들이 그 길을 막고 있으니 부자가 어떻게 될 수 있을까. 의식의 전환이 당장 필요했다. 미루어서 안 될 일이었다.

내 가난한 의식을 어떻게든 바꾸고 싶었다. 부자가 되고 싶어서 의식을 바꾸고 싶었다. 우주에는 우주의 법칙이 존재한다. 강력한 법칙이다. 우주에 부를 주문하는 연습을 했다. 소원을 주문한 순간 우주는 소원을 이루어주기 위해 그 즉시 움직인다고 했다. 우주는 감성적이기에 부정적인 말을 하면 절대로 안 된다. 부정적인 말을 하는 순간 엄청난 양의 부정이 쌓여서 현실에서 감당할 수 없는 일이 일어난다고 했다. 고이케 히로시의『2억 빚을 진 내게 운이 풀리는 말버릇』에는 돈에 관한 내용이 있다. 우주는 반드시 돈은 '선불의 법칙'으로 돌아간다고 했다. 주인공이 심리학 강의를 듣고 싶어 했다. 강의료가 비싸서 빚을 좀 더 갚은 뒤에 배우려고 하니까, 우주님이 "너는 돈의 구조도 모르는 거야? 돈은 선불 시스템이라고, 지금 당장 돈을 지불 해!"라고 하자, 주인공은 "듣고 싶은데 비용이 너무 비싸서, 돈을 낼 수 없습니다."라고 했다. 그러자 우주님은 "돈을 내지 않으니까 돈이 들어오지 않는 거야!"라며 호통을 쳤다. "너희들 인간은 정말 '빚지는 말버릇'을 너무 좋아해. 이제 그만할 때도 되지 않았나?"라고.

돈이 나가면 다시 들어오는 돈의 선순환을 깨닫지 못했다. 눈앞에 살아가는 그 일들에 급급해서 하고 싶은 게 있어도 '조금만 더 있다가 하지 뭐.'라며 자신의 꿈을 미리 포기하는 삶을 살았다. 우주의 법칙을 모르면 돈을 벌기도 어렵고 성공하기도 어렵다는 것을 알았다. 우주의 법칙에 대해서 몰랐던 난 의식 수준이 너무 낮았기에 가난을 벗어나기 어려웠다는 걸 알았다. 내가 원하는 걸 상상하면 현실이 된다는 걸 알았다. 상상하는 순간 우주가 즉시 행동하는 것도 알게 되었다. 조지 버나드 쇼의 묘비명에는 "우물쭈물하다가 내 이럴 줄 알았다."라는 글귀가 있다. 하고 싶은 일이 있다면 미루지 말고 지금 당장 행동으로 옮기라는 말이 아닐까. 난 많은 시간들을 허비해왔다. 이제는 시간을 허비하고 싶지 않다. 시간은 기다려주지 않는다는 걸 알고 있다. 미루지 말고 지금 당장 할 것은 부자가 되고, 꿈을 이루는 의식 수준을 높이는 공부를 하자.

03

## 사람은 여유가 생기면
## 매사에 긍정적이 된다

"무조건 잘될 거라는 낙관이 아니라 '일어나는 일은 항상 잘된 일이다' 이렇게 긍정적으로 보면 어느 상황에서든 배울 수 있습니다."

– 법륜 스님

약초 동호인들과 산행을 하면서 조금 느린 삶을 배우게 되었다. 약초 산행을 한 지도 10년이 되어간다. 지금 생각해도 웃음이 나온다. 처음으로 약초 산행 갔을 때, 멋도 모르고 등산 가는 줄 알고 옷도 새로 장만해서 입고, 산에 오르락내리락하면 발 아플까 봐 최고로 비싼 등산화를 신고 갔다. 등산로를 한참 올라가다가 갑자기 숲으로 들어가더니 나뭇가지를 헤치고 가시덤불을 뚫고 사람이 아닌 짐승들이 다니는 길로 갔다. 옷은 가시에 걸려 올들이 다 빠져나오고 신발은 낙엽에 쑥쑥 들어가서 더

러워졌다. 약초 산행이 등산인 줄 알고 만만하게 따라나섰다가 힘들어 죽을 뻔했다. 길도 없는 곳으로 산 능선을 몇 개나 넘었는지 기억도 나지 않는다. 초조하고 불안하고 가도 가도 끝이 없었다. 리더의 말만 잘 듣고 따라가면 되는 걸 의심을 하고 불안해서 이 길 맞냐고 몇 번이나 물었는지 모른다. 깔딱고개를 만나면 힘들어 더 죽을 것 같았다. 긴장되고 무섭고 산속에서 길을 잃을까 봐 앞사람 꽁무니만 보고 다녔다. 멧돼지가 나올까 불안하기도 했다. 그런데 사람의 손길이 거의 없는 숲의 향기와 공기와 바람은 최고였다. 덤으로 약초까지 만나면 언제 힘들었냐는 듯이 기분은 말할 수 없이 좋았다. 산속의 오지에서 내가 처음 만난 풍경들의 그 설렘을 잊을 수가 없다. 약초 산행을 하면서 배우는 건 마음이 조급하면 안 된다는 것이다. 여유를 가지고 천천히 다녀야 한다는 것이다. 산을 오르며 좋은 생각도 많이 하게 되고 긍정적인 사람이 되어간다. 굽이굽이 능선을 넘을 때 아름다운 경치를 보며 감사하다는 대화를 했다. 쉬었다가 다시 발걸음을 옮겼다. 걸어가다가 또다시 깔딱고개를 만나면 잠시 숨을 고른 뒤 한 걸음씩 여유를 가지고 꿋꿋이 가던 길 계속 갔다.

우리는 산속을 걸으며 치유를 받았고 여유를 배웠다. 자신이 왜 그렇게 긍정적으로 살지 못했고 여유가 없었는지 뒤돌아보게 되었다. 약초를 찾을 때도 약초가 있을 만한 곳을 여유를 가지고 살펴봐야 있지 않을까? 초조해하고 급하면 보일 것도 보지 못하고 지나쳐버린다. 세상에는 조급한 사람들이 무척 많다. 뭐가 그리 급한지 바쁘다.

우리 가게에도 몇 번씩 주문 독촉 전화가 온다. 앱으로 주문한 치킨이 30분을 넘어가면 가게로 전화가 바쁘게 걸려온다. 주문한 시간이 얼마 지나지도 않았는데 뭐가 그리 조급한 걸까? 기다리는 여유가 없는 것 같다. 파크골프장에 친구들이랑 파크골프를 하러 갔다. 파크골프란 '공원에서 가볍게 즐길 수 있는 골프'이다. 파크골프는 생전 처음 접해보는 거라서 엄청난 기대를 하고 갔다. 친구들이랑 즐겁게 치고 있는데 뒤에 온 사람들이 자기들이 먼저 치고 가겠다고 비켜 달라고 했다. 우리가 영 기본기도 없고 느릿하게 치고 있으니 얼마나 답답해 보였는지 먼저 치고 나가겠다 했다. 그들 모습에서는 우리가 너무 느리게 보였을까? 느림의 미학을 가르쳐주고 싶었다. 삶의 여유가 보이지 않았다. 그저 빨리 치고 가고 싶은 생각만 하는 것처럼 보였다. 왜 그럴까? 왜 조급할까? 운동하러 와서조차도 왜 '빨리빨리'를 외치고 있을까? 무척이나 안타까운 생각이 들었다. 여유가 없는 사람들은 어느 장소에서든 여유가 없다. 조급증을 앓는 사람들이 무척 많은 것 같다. 나 또한 그랬다. 조급해했던 적이 있었다. 100세도 살지 못했는데, 아직 인생의 반도 지나지 않았다. 뭐가 그리 조급해서 자신을 괴롭히는지 이제는 자신을 다독이고 여유롭게 사랑했으면 좋겠다. 먹고살기 위해 버는 돈, 하지만 그 돈으로 제대로 먹고, 제대로 살아가고 있는 건 아닌 것 같은 기분, 우리는 어쩌다 여유를 잃어버렸을까? 나는 늘 초조하고 급하게 살았다. 허둥지둥거리며 바쁘게 살았다. 바깥에서 일한다는 핑계로 매일 집 안은 전쟁터였다 '빨리 일어나', '빨리 밥 먹어', '빨리 세수해', '빨리 가자', '빨리빨리'가 일상화였다. 설거지 그릇은 산더미처럼 쌓아놓고, 옷은 뱀이 허물 벗듯이 벗어두고 나갔다. 마음의 여유가 없이 살다 보니 마음이 급해졌다. 친구가 아파트를 넓혀서 간다는 걸 들으면 마음이 조급해지고 있는 나를 발견했다. 비교하지 않는 것이 가장 좋은 건 알고 있다. 더 나은 삶을 위해 바쁘게 움직여도 마음은 더 조급해진다. 너무 바쁘고 조급하게 살아가고 있었다. 미래에 대한 준비를 걱정하지 않는 것도 문제지만 너무 조급해도 늘 불안하다. 우리는 조급증이란 병에 걸렸다. 조급함을 내려놓아야 한다. 우리의 삶을 여유롭게 보내기 위해선 산에도 가고, 책도 읽고, 걷기도 하고, 마음을 편안하게 만들어두는 게 좋을 것 같다. 마음이 풍요롭고 여유로워질 것이기 때문이다. 매사가 즐거워지고 여유가 생겨날 것이다. 긍정적인 마음도 덤으로 생겨날 것이기 때문이다.

아버지는 성질이 급하고 다혈질 성격이었다. 매사에 여유가 없고 바빴다. 밥상을 빨리 차리지 않으면 불같이 화를 냈다. '물', 한마디 하면 바로 가져다드려야 했다. 고모 세 명, 아들 하나로 태어나서 할아버지와 할머니 사랑을 독차지해서 그런지 집에선 완전 독재자였다. 아버지 말 한마디면 일사불란하게 우리 가족은 식사시간도 전투적이었다. 밥숟가락 딱

놓으면 바로 상을 치우고 공부 준비를 했다. 아버지가 시험감독처럼 받아쓰기 문장을 불러주면 우리 남매는 열심히 받아 적었다. 아버지가 불러주는 문장을 잘못 받아 적으면 아버지의 조급한 성격이 바로 나타났다. 조급한 성격만 아니면 자상하고 다정한 아버지였다. 너무 과하게 공부를 시키는 게 문제였다. 아버지가 일찍 퇴근하는 게 정말 싫었다. 아버지 오시면 밥상 펴고 구구단 외우고, 받아쓰기는 더 싫었다. 욱하는 성격 때문에 간혹 다른 사람들에게는 '성격 나쁘다'라는 인상을 줘서 오해를 받기도 했다. 어릴 때 우리 아버지는 가족들을 먹여 살리느라 자신을 돌아볼 여유조차 없었던 것 같다. 내 존재는 어디로 갔는지 없고 아버지, 남편, 아들의 역할만 있었으니 마음의 여유가 있을 리 만무했던 것 같다. 그럼 어떻게 하면 마음에 여유가 생기고 매사에 긍정적인 사람이 될 수 있을까?

먼저, 마음부터 좋은 생각으로 꽉 채우기 위한 마음공부를 해보기로 하자. 전 경기도 안양 조계종 한마음 선원장이셨던 대행 스님의 글에서 마음공부란 "마음공부는 무엇을 얻고자 하는 공부가 아닙니다. 마음공부는 내가 죽는 공부입니다. 마음의 짐을 내려놓고 마음의 때를 벗겨내는 것은 '나'라는 상이 죽는 길입니다. 죽으라는 것은 마음으로 죽으라는 것이지 몸뚱이를 죽이라는 게 아닙니다. 그러니 열 번인들 죽으면 어떻습니까? 몸뚱이는 오히려 건강해지고 오래 삽니다. 마음공부는 무엇을 얻고자 하는 공부가 결코 아닙니다. 기쁨과 행복의 길이지만 얻는 공부가 아니라 다만 버리는 공부입니다."라고 조언했다. 마음공부에 관한 유명한 일화가 있다. '마음공부를 하면 기적이 일어날까요?'에 대한 답변이다.

"파리의 한 카페에 앉아 있는 피카소에게, 어떤 사람이 요청합니다. 비용을 낼 테니 그림 하나를 그려달라고 말이죠. 그 말을 들은 피카소는 냅킨 하나를 꺼내 스케치를 한 뒤, 우리 돈으로 수천만 원을 요구했습니다. 놀란 상대는 말합니다. '아니, 30초밖에 안 걸렸잖아요?' 그러자, 피카소는 대답합니다. '아니요. 이 그림을 그릴 수 있기까지 40년이 걸렸습니다.'"

짧은 시간 그린 그림에 수천만 원을 이야기할 수 있는 화가가 되기까지 피나는 연습과 노력을 했고 그 결과로 우리가 아는 피카소가 되었다. 마음공부도 내가 처한 상황에서 그 상황에 책임을 지는 것부터 시작한다. 마음공부가 어렵다고 생각하겠지만 쉽게 생각하면 아주 쉽게 할 수 있다. 잘 먹고, 잘 자고, 자신을 사랑하는 일이다. 어떤 사람은 '마음공부를 왜 하지?'라고 의문시하는 사람도 있을 것이다. 물론, 마음공부를 하지 않아도 잘할 수 있다. 그렇지만 마음공부를 함으로써 우리 내면의 본질을 느끼며 알 수 있고 문제가 무언지 유연하게 깨달아 여유를 가지고 대처할 수 있다. 긍정적인 사람과 부정적인 사람의 차이는, 긍정적인 사람은 시간이 지나면 좋은 일이 생길 거라 믿는 것이 아니라, 나쁜 일이 생겨도 이것 또한 지나간다는 사실을 알고 있다는 것이다. 부정적인 사람은 불안한 생각을 긍정적인 생각으로 바꾸면서 진짜 행복해지기 위해서 무엇을 해나가야 할지 알아가야 한다. 자신을 솔직하게 대하고 사랑해주고 천천히 긍정적인 삶을 쌓아나간다면 나날이 더 행복하고 여유로운 일상을 보내게 될 것이기 때문이다.

04

# 긍정은 모든 것을 이겨낸다

"긍정적인 사람은 항상 무언가를 시도하는 성격을 지니고 있습니다. 성적에 대해 긍정적인 사람은 공부를 열심히 하고, 건강에 긍정적인 사람은 매일 좋은 음식을 먹으며 운동합니다. 아무 행동도 하지 않으면서 생각만 긍정적으로 하는 것은, 긍정적인 사람이 아니라 무책임한 사람, 허풍쟁이와 다를 바 없습니다."

– 이명로, 『월급쟁이 부자들』

'나는 긍정적인 사람이다'라고 말하는 사람은 대부분 자존감이 높다. 불안한 경향과 우울과 같은 시련에 대응하는 능력이 뛰어나다고 한다. 심리 상태는 건강하며 안정적이고 상대방을 기분 좋게 하며 함께 시련을 극복해줄 수 있는 긍정적 에너지가 있다. 긍정 바이러스를 퍼뜨려주니 인간관계도 좋다. 얼굴에 웃음을 가지고 있으면서 격려의 말로 힘을 북돋우며 응원해주는 사람이다. 많은 실패를 하면서도 오뚜기처럼 다시 일어나는 사람이다. 그런 사람들의 모습을 보면서 내가 닮고 싶은 사람이다는 생각해본다. 나 또한 긍정 바이러스를 퍼뜨리는 사람이 되기를 원해본다.

긍정적인 사람 할 엘로드의 저서 『미라클 모닝』에서 잘나가던 삶을 살고 있었던 스무 살의 할 엘로드는 파티를 마치고 여자 친구와 집으로 향하던 길에 교통사고를 당했다. 그 사건으로 인해 그는 많은 것들을 잃게 된다. 죽지 않은 것이 기적이라 할 만큼 열한 군데의 골절과 영구적인 뇌 손상을 입었다. 게다가 의사는 그에게 다시는 걸을 수 없을 거라고 말했다. 의식을 차렸을 때 그는 병실에 누워 있었다. 아무것도 스스로 할 수 없게 된 본인의 신체를 인지하게 되었을 때 그는 과연 어떤 생각을 했을까? 현실을 부정하고, 자신을 이렇게 만든 운명을 저주하고 싶었을 것이다. 하지만 그는 현실을 부정하지 않기로 한다. 아니 현실을 있는 그대로 받아들이기로 한다. 교통사고는 스스로 통제할 수 없는 일이었고 이미 일어난 일은 되돌릴 수 없기 때문이다. 현실을 있는 그대로 받아들이자 자신이 통제할 수 있는 일들에 집중할 수 있게 되었다.

그 시작이 미라클 모닝이었다. 그리고 그는 영업의 달인, 베스트셀러 작가, 그리고 미국 최고의 자기계발 전문가로 다시 태어났다. 만약 할 엘로드처럼 내가 스무 살에 교통사고를 당했더라면 절망과 친구가 되어 걷지도 못하고 폐인처럼 세상 타령만 하고 있었을 것이다. 그러나, 할 엘로드는 긍정적인 사람이다. 긍정의 의미를 찾아보니 '그러하다고 생각하여 인정하다'이다. 그는 '내게 어떻게 이런 일이 생겼지'라는 좌절을 하지 않고 상황을 있는 그대로 받아들였다. 있는 그대로 받아들이는 것이 긍정이다.

코로나 19로 인해서 많은 사람이 힘들어한다. 친구들 모임도 작년부터 지금까지 세 번 정도로 만난 것 같다. 만나고 싶어도 코로나 확진자들이 계속 나오니 겁이 나서 집에 머무르고 있다. 언제쯤이나 마스크 벗고 만날 수 있을까? '내년 봄에는 일상으로 돌아갈 수 있겠지.'라고 생각해본다. 마스크 없이 친구의 얼굴을 보고, 기차 타고 가면서 커피도 마시고, 축제에도 가고, 목욕탕도 편하게 가고 싶다. 모든 게 그립다. 우리는 막연하게 내년쯤이면 코로나가 종식된다고 근거 없이 생각하고 있지는 않을 것이다.

한재우의 저서 『태도 수업』에는 베트남전쟁 때 포로가 된 미국 파일럿 짐 스톡데일이 등장한다. 그는 임무 수행 중 격추를 당해 북베트남 어느 마을로 추락하게 된다. 천신만고 끝에 목숨은 건졌지만, 추락 과정에서 척추를 다치게 된다. 하지만 척추가 아프다는 것도 못 느낄 만큼 현지인들에게 체포되는 과정에서 무지막지한 폭행을 당하게 된다. 그리고 그 과정에서 평생 장애를 안고 살아가는 몸이 된다. 이후 그는 '하노이 힐튼'이라는 악명 높은 포로수용소에 수감된다. 그곳에서도 그는 매일 혹독한 고문을 받는다. 베트남 정부의 회유에도 아랑곳하지 않고, 끔찍한 고문을 무려 8년이나 버티고 살아남는다. 다시 고국으로 돌아가게 된 그는 전쟁 영웅 대접을 받는다. 돌아온 스톡데일은 인터뷰 중 "수용소에서 살아남지 못한 이들은 어떤 사람들이었습니까?"라는 질문을 받는다. 그러자 스톡데일은 단박에 '근거 없는 낙관주의자들'이라고 답한다. 무턱대고 "크리스마스 전까지는 석방될 거야."라고 말하다가, 크리스마스가 지나면 또 "부활절까지는 석방될 거야."라고 말했던 사람들. 그들은 마음속으로 정해놓은 디데이가 지나도 바뀌는 것이 없자 급격하게 쇠약해지면서 죽어버리곤 한다. 스톡데일이 강조한 말이다. "반드시 이겨내겠다는 믿음과 지금 현실의 가장 가혹한 사실들을 직시하는 훈련을 절대로 혼동하면 안 됩니다."라고.

베트남에서 포로 생활을 했던 미군 중, 낙관적으로 생각했던 사람들은 모두 죽었다는 것이다. 올해 크리스마스에는 풀려나겠지, 또는 내년 봄에는 집에 가겠지라는 근거 없는 낙관적인 기대들을 하고 있었다. '곧 풀리겠지'라는 긍정적인 막연한 기대는 근거 없는 낙관주의자들에겐 죽음을 가져왔다. 포로가 되었다는 현실을 받아들이고 반드시 이겨내겠다는 믿음이 있는 사람들은 목숨을 건졌다. 긍정적인 사람은 근거 없는 낙관주의자가 아니라 유연한 낙관주의자다. 근거 없는 낙관주의자는 긍정을 착각한다. '나는 긍정적인 사람이다'라는 말만 하며 아무 노력도 하지 않고 막연히 '내 미래는 잘될 거야, 좋은 일이 생길 거야, 취직도 알아서 될 거야.'라고 하는 사람이 있다. 이런 생각은 큰 오산이다. 긍정적인 생각을 가지고 그에 맞는 노력도 해야 한다. 아무것도 하지 않고 막연히 기다린다고 밝은 미래는 오지 않는다. 현실을 있는 그대로 받아들이고 그 현실에 맞춰 준비한 자들이 진짜 긍정적인 사람이다.

원고를 써서 컴퓨터에 저장을 잘했다. 그런데 저장을 잘못했는지 아무리 찾아보아도 보이지 않았다. 등에 땀이 흐르고 입술이 바짝 말랐다. 열심히 썼는데, 입에서 한숨이 나도 모르게 나왔다. 도대체 어디로 간 거야? 삶은 늘 좋은 일만 일어나지 않는가 보다. 이렇게 좋지 않은 일이 일어나는 것도 좋은 일이 일어나기 전 전조현상이라 한다. 모두 잘되는 일이라고 받아들여야 한다고 했다. '좋은 일이 일어나고 있어!' 이렇게 말하는 과정에서 우리의 뇌는 부정적인 태도에서 긍정적인 태도로 바뀐다고 한다.

〈법륜 스님의 즉문즉설〉에서 어느 배우가 "갑자기 말 더듬는 증상이 생겼습니다. 배우는 역할에 공감해야 하는데 저는 대사를 더듬을까 봐 걱정부터 앞섭니다. 배우를 그만두고 싶은데 그러기엔 연기를 너무 좋아해서 가슴이 아픕니다."라는 질문을 했다. 법륜 스님의 답변은 무조건 일어난 일을 나쁘게 생각지 말고 연기에 활용하라는 조언이었다. 가령 말더듬는 증상으로 내가 맡은 캐릭터를 제대로 표현 못 하면 어떡하지라고 두려워하는 것보다, 말 더듬는 나의 증상을 "그렇게 당황하는 신에 대사를 더듬게 되면 이 캐릭터가 얼마나 당황했으면 더듬을까 하는 마음으로 그냥 더듬으면 된다. 그렇게 자연스러운 게 어딨나." 하고 자신이 맡은 캐릭터를 창조하는 데 도움이 되지 않을까 하는 마음으로 바꿔 생각하라고 했다. 말을 더듬는 그 순간 '내 연기 인생은 이제 끝났어.'라고 부정적인 생각을 하지 말고 '어떻게 이 증상을 내 연기에 자연스럽게 활용할까?' 하고 긍정적인 생각을 하라고 했다. 이미 일어난 일을 부정하고 고치려고 애쓰기보다는 이미 일어난 일을 활용할 방법을 찾는 것이 바람직하다고 했다.

법륜 스님은 이것을 긍정적 사고라 불렀다. 당신은 긍정적인 사람인가? 만약 그렇다면 어떤 사람이 나한테 사기를 쳤다고 치자. 그것을 붙들고 괴로워하고만 있지 말고 '불쌍한 사람에게 용돈 좀 줬다'라고 여기는 거다. 긍정은 이미 일어난 일을 있는 그대로 받아들이라는 것이다. 실수마저도 경험으로 축적이 되어 결국은 행복으로 가는 지름길이 된다.

노력하지 않고 '잘될 거야'라고 막연하게 믿는 것은 긍정이 아니다. 힘들어도 감사함을 찾고 나쁜 일도 내 삶에서 일어날 수 있는 모든 일을 좋게 받아들여야 한다. 상황이 좋든 나쁘든 간에 근거 없는 긍정주의자가 아니라 절대적 긍정주의자가 되어야 한다. 서로를 돌보면서 이 지구별에서 주어진 시간을 잘 보내자. 긍정은 모든 힘들고 나쁜 것을 이겨내게 해줄 수 있다.

05

## 나는 사람들에게 긍정녀라는 말을 자주 듣는다

"엘리자가 말했어요. 세상은 생각대로 되지 않는다고. 하지만 생각대로 되지 않는다는 건 정말 멋지네요. 생각지도 못했던 일이 일어나는걸요."

『빨간 머리 앤』

나는 부끄럽지만 정말 부정적인 사람이었다. 세상이 왜 이렇게 힘이 드는지 매일 한탄하고 원망했다. 좋은 부모에게서 태어났다. 하지만 세상 밖으로 나오면서 달라져버렸다. 내 뜻대로 되지 않는 직장생활, 결혼생활, 인간관계, 의사소통 등 현실에서 부닥치는 일들로 인해 나의 인생의 한계가 왔다. 인생이 뜻대로 풀리지 않는다는 우울한 생각이 들었다. 아니 그보다 자신이 없어져갔다는 표현이 맞겠다. 그렇지만 인생을 잘 살기 위해선 어떻게든 헤쳐나가야 했다. 생각대로 되지 않는 일을 생각대로 만들어야 했다. 삶은 안전하지 않기에 나의 모난 돌을 깎아나가야만 했다. 모난 돌을 깎기 위해 무수한 노력을 했다. 몇 년 전 후배가 암에 걸려 병원을 내 집처럼 드나들었던 적이 있었다. 후배의 성격은 털털하며 따뜻하고 남을 잘 챙겨주는 그런 성격이었다. 다들 후배가 암에 걸렸다고 했을 때 '더 없이 성격 좋은 사람이 왜 암에 걸리지?'라는 말을 했다. 사람이 너무 좋아서, 너무 참아서, 너무 근거 없는 긍정주의자여서 병이 든 게 아닐까. 암이라는 사실을 알고 난 뒤로 후배의 얼굴은 안색도 안 좋고 늘 죽을상을 짓고 다녔다. 병에 걸렸다는데 기분이 좋을 리는 없었을 것이다. 웃고 싶지도 않았을 것이다. 긍정적인 가식을 떨 수는 더더욱 없을 것이다. 내가 아픈데 남을 먼저 생각할 겨를이나 있겠는가? 아픈데 '감사합니다'라는 말이 나오겠는가?

도서출판 민들레 발행인 현병호는 "긍정주의의 함정" (〈새마갈노〉, 2011.06.05.)이라는 칼럼에서 "질병 덕분에 더 겸손해지고, 모든 것에 감사하게 되고 사랑이 충만해졌다고 고백하는 이들도 종종 있지만, 생명이 왔다 갔다 하는 질병의 경우 긍정적으로 받아들이기는 그다지 쉽지 않다고 했다. 긍정적인 마음이 만사를 형통하게 한다는 긍정주의자들은 암도 선물로 받아들여야 한다고 말하지만, 그런 경우 자칫 객관적인 눈이 흐려지거나 지나친 감상주의로 흐를 위험도 있다고 한다. 심리학과 철학의

외피를 걸치고 등장한 '긍정교'는 복을 구하는 신념체계라는 점에서 기존의 기복신앙과 별반 다르지 않다. 신도들의 두려움과 불안을 먹고 사는 병든 신념에 기초하고 있는 신흥종교와 유사하다고도 볼 수 있다. 교주가 따로 없다는 점만 빼고는. 보고 싶은 것만 보려고 하는 인간의 뿌리 깊은 병리 현상과 맞물려 교세를 확장하고 있는 '긍정교'는 자칫 삶의 모든 문제가 개인의 마음 먹기에 달린 것인 양 몰아간다."라고 한다. 살다 보면 반갑지 않은 일도 맞닥뜨리게 되어 있다. 암같이 소리소문없이 찾아와서 우리를 고통스럽게 만드는 것도 있다. 병마와의 싸움으로 몸과 마음이 지쳐 긍정적인 마음을 갖는 것이 어렵더라도 노력하는 긍정이 필요하다. 우리의 생명이 우리가 살아 있는 한 언제까지 유지될지는 누구도 모른다. 친구들이나 형제들도 언제까지 살게 될지 누가 알 수 있을까.

"하늘 아래 내가 받은 가장 커다란 선물은 오늘입니다"라고 한 나태주 시인의 시 「선물」처럼 오늘 하루를 열심히 잘 살아가는 게 선물이다.

"어떻게든 되겠지."

어떤 사건에 직면했을 때, '어떻게든 되겠지'라며 긍정적으로 말하는 현상을 '폴리애나 현상'이라고 한다. 이 이론은 1969년 등장했는데, 이를 실제로 증명한 연구 결과가 나왔다. 피터 도즈 미국 버몬트 대학교 교수 연구팀은 세계 10개 나라의 언어권 영화 자막, 노래 가사, 트위터 등을 분석, 사람들은 힘든 세상에도 긍정적인 단어를 많이 쓰는 것으로 나타났다는 것을 보여주었다. 이 중에는 한국어도 포함돼 있는데 연구팀은 10개 언어의 24개 자료를 모은 빅데이터를 분석해 이와 같은 결과를 도출했다. 10개 언어권 모두 '행복점수'는 평균 5점이 넘었다. 이것은 긍정적인 단어를 많이 사용한다는 의미다. 이 중 스페인어 웹 정보의 점수가 6.1로 가장 높은 것으로 나타났다. 한국어도 평균 점수는 넘었지만, 영화 자막의 행복도는 23위, 트위터는 20위로 다른 언어에 비해 점수는 낮게 나타났다.

폴리애나 효과는 사용하는 언어에 수반되어 있다고 한다. 말할 때마다 '죽고 싶다'라는 부정적인 말을 달고 사는 사람은 잘되는 일이 별로 없다는 것이다. 장사하는 집에서 사장이 "오늘 장사 망했어"라는 말을 하면 종사자들이 일할 기분이 들겠는가. 나는 그런 집에서는 일하고 싶지 않을 것 같다. 무심코 내뱉은 부정적인 말이 주위에 있는 사람들의 기운을 빼어버린다. 긍정적인 말로 "오늘 하루도 멋진 하루로 만들어보자."라는 멋진 말을 듣는 종사자들의 가게는 매출이 쑥쑥 올라갈 것이다. 두근거리는 말들로 나를 긍정적으로 바꾸어보자. '대단해', '멋져', '축복해', '감사해', '사랑해' 아름다운 말들을 많이 사용하자. 내가 한 말은 반드시 내게 다시 돌아온다는 것은 진리인 것 같다.여태껏 나를 잘살게 해준 것은 긍정성이다. 어떠한 상황에서도 긍정성으로 잘 버티어냈다. 교생 실습할 때 학생들 앞에서 첫 수업이 있었다. 교실에는 학생들뿐만 아니라 교장 선생님, 교감 선생님, 교무부장님 그리고 같은 과목 선생님들이 참관하러 오셨다. 점수를 매기기 위한 것이었다. 무슨 정신으로 수업했는지 자료를 발표할 때도 잘했는지, 못했는지 아무 생각이 없었다. 학생들을 가르치는 일이 쉬운 일이 아니라는 자괴감을 느꼈다. 그렇지만 나는 긍정적으로 생각했다. '이 정도 하는 게 어디야? 자료 준비도 잘 해왔잖아. 내용도 완벽해. 나 정도니까 이렇게 할 수 있는 거야.'

다행히도 선생님들이 높은 점수를 주셨다. 지금도 그때를 생각하면 손에 땀이 난다. 나의 과한 긍정성으로 교무실에서도 화기애애하게 보낼 수 있었다. 교생 실습을 한 달이 5월이었는데 그때 마침 스승의 날이 끼어 있어서 교무실이 학생들로 북새통을 이루었다.

그 당시에는 선물 규제가 없던 때였다. 내 자리에도 학생들이 와서 선물을 두고 가기도 했다. 이런 긍정적인 생각으로 교생 실습을 무사히 마칠 수 있었다. 나의 긍정성이 빛을 본 나날들이었다. 나의 긍정성은 선천적일 수도 있지만 학습된 후천적인 영향이 크다. 긍정적인 성격으로 바꾸려고 노력했기 때문이다. 최인철 교수는 모든 건 마음 먹기에 달려 있다고 한다. 법륜 스님도 비슷한 말을 했다.

"우리의 삶이란 인생에 어떤 일이 일어나느냐에 따라 결정되는 것이 아니라, 어떤 태도를 지니느냐에 따라 결정됩니다. 흔히 운명론자를 말하지만, 그 운명도 내가 만듭니다. 어떤 일이 내 생에 주어지는가가 운명이 아니라 그것에 어떻게 대처하고, 해결하느냐가 운명입니다."

– 법륜 스님

2016년에 개봉한 영화 〈플로렌스〉를 보면 여주인공 플로렌스는 음치이다. 그녀는 실존 인물이다. 여주인공은 음치이지만 카네기 홀에서 공연을 했다. 100%의 자신감과 긍정으로 무대에 섰고 그녀는 행복해했다. 그녀는 "사람들은 내가 노래를 못한다고 할 수 있어도 '내가 노래를 안 했다'라고 할 수는 없을 것이다."라는 명언을 남겼다. 우리는 시도해보지도 않고 '난 할 수 없어', '난 못해'라는 부정적인 말들로 자신을 깎아버리고 일찌감치 포기해버리는 일이 다반사다. 그녀의 꿈은 성악가였다. 그녀는 자신이 음치라는 사실도 모르고 '카네기 홀에서 공연할 거야.'라는 엄청난 꿈을 가지게 된다. 비록 그녀는 음치였지만 무한 '긍정녀'였기에 꿈의 실현이 가능했을 것 같다. 긍정적인 생각을 가지고 자신을 믿고, 끝까지 밀고 나가면 조그만 물방울이 큰 바위를 뚫어버리듯, 어떠한 꿈도 이루지 못할 게 없다는 걸 보여주게 된다. 그녀의 긍정 무한도전에 경의를 표하고 싶다. 플로렌스처럼 나도 무한 '긍정녀'라는 말을 자주 듣는다. 60이 다 되어가는 나이에 책 쓰기와 1인 창업가에 도전하고 있으니 더 그렇지 않겠는가. 듣기 좋은 말이다. 도전하지 않는 삶보다는 도전하는 삶이 훨씬 더 건강하고 활력이 있는 생활이 되기 때문이다. 도전은 긍정의 끝판왕이다. 긍정의 마음을 가지고 '할 수 있다', '잘 풀릴 거다'라는 기대를 해야 한다. 열심히 시도해서 잘되지 않으면 다시 시도하면 된다. '내가 여태껏 살아오면서 한두 번 실패를 겪었을까?' 아니다, 실패를 많이 겪었다. 내가 사람들에게 '긍정녀'라는 말을 자주 듣는 이유가 도전하다가, 안 되면 또 일어나고 또 일어나고, 계속 도전했기 때문이다. 우리에게는 계속 도전할 수 있는 내일이 있기 때문이다. 자신이 원하는 삶으로 가기 위해 긍정적인 생각으로 주어진 상황을 그대로 받아들이고 열심히 도전하는 삶을 살아가자. 삶은 도전의 연속이다. 주름 잡힌 번데기로 살아갈지 아름다운 나비로 살아갈지는 자신의 선택이다. 나의 운명을 다른 사람에게 맡기지 말고 스스로 통제력을 갖추어 나가라는 것이다.

06

# 긍정의 마법은 끝이 없다

"수퍼칼리프래글리스틱엑스피알리도셔스(Supercalifraglisticexpialidocious)"

– 〈메리 포핀스〉

현재 코로나가 범람한 이 시국에 팅커벨이 들고 다니는 마법의 가루가 있다면 좋겠다. 영화 〈메리 포핀스〉에 나오는 마법의 주문 '환상적이다'라는 "수퍼칼리프래글리스틱엑스피알리도셔스"를 외치며 힘들고 불안한 사람들의 마음에 마법의 가루를 한 스푼씩 뿌려주고 싶다. 온 세상을 치유할 수 있는 마법의 가루면 더 좋겠다. 바이러스로 온 세상이 불안한 이 시국에 칭찬과 격려, 응원과 감사와 같은 말들이, 반짝이는 긍정의 말들이 세상을 바꾸는 마법의 가루가 아닐까? 내가 다닌 중학교는 매달 한 번씩 영화를 보러 갔다. 중학교 때 본 영화는 〈메리 포핀스〉, 〈사운드 오브 뮤직〉, 〈닥터 지바고〉, 〈토요일 밤의 열기〉 등등으로 기억에 남는 영화들이 너무 많다. 영화 중에서도 〈메리 포핀스〉는 내 기억에 가장 남는 영화이다. 그녀는 우산을 쓰고 하늘에서 내려와 가정집의 보모가 되었다. 아이들과 너무 즐겁게 보내는 것이었다. 우리 집에도 마법 부리는 보모가 나타나면 얼마나 좋을까 하고 생각했다. 무엇이든지 변하게 하는 마법의 가루가 있다면 우리 삶에 마법의 가루를 한 스푼씩 뿌려 세상을 밝게 했으면 좋겠다. 우리는 지금 너무 불안한 삶을 살아가고 있다. 팅커벨이 마법의 가루를 가져다주길 기대한다.

"All is well" 전 세계를 강타했던 인도 영화 〈세 얼간이〉에 나왔던 대사이다. 주인공 '란초'가 사는 마을에 경비가 있었다. 경비는 밤마다 순찰을 돌며 아무 이상이 없다는 뜻으로 "All is well"이라고 크게 외쳤다. 그런데 어느 날, 도둑이 드는 일이 발생했다. 이날도 물론 경비는 "All is well"이라고 소리쳤고, 사람들은 마음 편히 잠자리에 들었다. 그런데 알고 보니 이 경비가 야맹증 환자였다. 밤에 잘 보이지 않는데도 습관처럼 '이상 없다, 괜찮다'라고 외쳤고, 그 말을 들은 사람들은 정말 이상이 없는 줄 알고 마음 편히 잠들 수 있었다는 거다. 이 영화 대사는 란초가 얻은 한 가지 깨달음을 말하고자 하는 것이다. 사람의 마음은 겁쟁이이기 때문에 속여줄 필요가 있다는 것이다. 요즘같이 불안한 마음에 딱 어울리는 말들이다. '아무 이상 없다', "All is well" 긍정의 말에는 자기 암시 기능이 있어서 같은 말을 계속 반복하면 잠재의식 속에 고스란히 입력된다고 한다. 마음이 불안할 때마다 긍정의 말을 입에 달고 살아야 한다. 자신에게 하는 긍정의 말은 자신에게 엄청난 영향을 미친다. 언제나 "All is well"을 마법의 주문처럼 외우며 모든 상황을 긍정적으로 풀어나가기로 하자.

내가 쓰는 단어들을 적어보았더니 부정적인 단어가 99%였다. '바쁘다', '다음에 할게', '싫어', '못 해', '안 해', '잘나지도 못한 게', '귀찮아', '내 주제에 무슨' 등. 내 입으로 나 자신에게 부정적인 말들을 퍼붓고 있다는 표현이 딱 맞다. 완전 기가 막힌 노릇이었다. 말들을 바꾸어나가야만 했다. 좋은 말들을 해야만 했다. 나는 소중한 사람이니까 격려하고 힘 나는 긍정의 말들로 마법의 주문을 걸기 시작했다. 마법의 주문은 다음과 같다.

"굉장해, 마법 같은 일이 지금 일어나고 있어." 종양을 연구하는 두 학자가 있었는데 그들은 네 가지 약을 조합해 환자에게 처방했다. 네 가지 약의 알파벳 머리글자를 나열하면 'EPHO'였다. 시간이 흐른 뒤 치료 효과는 전혀 다르게 나타났다. 첫 번째 의사가 담당한 환자 병세는 눈에 띄게 호전됐는데 두 번째 의사가 담당한 환자는 그렇지 못한 결과가 나왔다. 왜 그럴까? 이유는 간단하다. 첫 번째 의사가 환자들에게 준 약의 머리글자는 'HOPE(희망)'였던 것이다.

환자들에게 희망(HOPE)이란 글자는 팅커벨의 마법의 가루처럼 희망적이었을 것이다. 환자들은 희망이 없던 삶에 희망을 품게 되었다. 많은 시간을 불안한 세월로 보냈을 그들이 앞으로의 삶에 희망을 품고 살아갈 수 있게 되었다. 그들에게 긍정이 담긴 마법 글자는 희망이었다.

론다 번의 『시크릿』은 우리나라에서도 베스트 셀러로 인기를 얻었다. 나도 그 책을 읽은 뒤부터 주차장에 들어갈 때마다 "시크릿, 내 주차 자리는 남아 있을 거야."라는 희망을 품고 주차장에 들어선다. 그리고 매사를 긍정적으로 생각하고 행동하려고 노력했다. 『시크릿』에서는 끌어당길 때 부정적인 생각이 있으면 절대 안 된다고 했다. 내가 원하지 않는 일을 끌어당기는 셈이 되니까. 일이 꼬일 때는 뒤로 자빠져도 코가 깨질 때가 있다. 이런 상황들은 내가 부정적인 생각을 끌어당겼기에 나쁜 일을 더 많이 끌어온다고 했다. 끌어당김의 우주의 법칙은 정확하게 나에게 그대로 돌아온다. 자신을 사랑하고 많이 안아줘라. BTS의 대표곡 '러브 유어셀프(Love Yourself)'는 '당신 자신을 사랑하라.'라는 뜻이다. 문학평론가 신형철은 'BTS 만트라(mantra)'라는 재미있는 표현을 썼다. 만트라는 산스크리트어로 깨달음을 위한 주문 같은 것이다. 자신의 몸과 마음을 다스리면서 타인과 세상의 평화를 기원하는 의미로 사용된다. BTS의 '러브 유어셀프'가 그런 기능을 한다는 얘기다. 힘들 때 'BTS 만트라(mantra)'로 주문을 걸면 긍정적인 힘이 확확 생겨날 것 같다. 우리 자신의 몸은 긍정적인 말 한마디로 그 온도가 바뀌어간다. 마음이 힘들다고 소리치면 다독여서 기운을 주고 두렵다고 하면 용기를 내게 해주자. 나는 가끔 용기를 내고 싶을 때는 '다 덤벼, 네가 죽든지, 내가 죽든지 해보자. 아님, 말고.'라고 한다.

13세기 페르시아 시인 잘랄루딘 루미는 「여인숙」이란 시에서 "인간이란 존재는 여인숙과 같다"라고 했다. 매일 아침 새로운 손님이 우리 마음속에 찾아온다고 봤기 때문이다. 손님을 맞이하는 여인숙에 우리의 마음을 비유한 것이다. 루미가 말하는 손님이란 '인간의 변화무쌍한 감정'을 가리킨다고 한다. 기쁨 · 절망 · 슬픔 같은 감정이 예기치 않은 방문객처럼 우리를 찾아온다는 것이다. 13세기나 21세기인 지금이나 사람의 감정은 별반 다를 게 없는 것 같다. 우리의 마음은 하루에 수십 번씩 온갖 변화를 겪는다. 5분 전에 기분이 좋았다가도 5분 후에 기분이 나빠져 있다. 변화무쌍한 우리의 감정을 조절할 방법은 과연 무엇일까? 루미는 감정 손님들이 찾아오는 그대로 모두 존중해 맞아드리라고 했다. 부정이든 긍정이든 찾아오는 대로 거름망을 치고 부정적인 말은 걸러내고 긍정적인 말만 남겨두는 작업을 해야 할 것 같다. 부정이 섞인 말은 하루에도 수십 번씩 하고 있다. 반면에 긍정적인 말은 잘하지 않는다. 긍정적인 말을 잘하려면 먼저 나를 변화시켜야 하고 나의 의식을 변화시켜야 한다. 사고방식을 바꾸어야 한다. 긍정적인 사고와 말로 우리의 감정을 나타내는 연습을 하자.

황희 정승이 벼슬 초기 시절 잠시 암행어사로 함경도 지방을 돌 때의 이야기다. 그 지방 군수의 잘잘못을 묻기 위해 가다가 소 두 마리로 쟁기질하는 노인을 만나게 되었다. 다짜고짜 묻기보다는 처음에 말을 부드럽게 붙이려고 노인을 불렀다. "어르신! 두 마리 소 중에 어떤 놈이 일을 더 잘합니까?" 그러자 노인은 하던 일을 멈추고 소를 세우며 밖으로 나왔다. 황희의 옷소매를 끌면서 정자나무 뒤로 돌아가 귀에 대고 작은 목소리로 말했다. "누렁이는 일도 잘하고 고분고분 말도 잘 듣는데 검정 소는 힘은 좋으나 꾀가 많아 다루기가 매우 힘이 듭니다." 황희는 어이가 없는 표정을 지으며 노인에게 다시 묻는다. "아니, 어르신 그게 무슨 비밀이나 된다고 거기서 말씀하시면 될 것을 여기까지 오셔서 그것도 귀에 대고 말씀하십니까?" 그러자 농부 어르신의 대답은 이러했다. "아무리 말 못하는 짐승일지라도 저를 미워하고 좋아하는 것은 다 안답니다. 내가 거기서 이야기했더라면 좋다고 한 놈은 괜찮겠지만 싫다고 한 놈은 얼마나 서운해하겠습니까." 황희 정승은 이 노인의 말에서 교훈을 얻었다. 한낱 소라고 해도 감정은 있다. 부정의 말과 긍정의 말의 느낌이 소에게 전달된다는 것이다.

부정이 섞인 말에는 나쁜 에너지가 나온다. 긍정적인 말에는 아름다운 향기가 나온다. 이런 사실을 입증하는 내용을 TV에서 밥을 이용해 실험하는 것을 본 적이 있다. 한쪽 밥에는 "사랑해"를 써 붙여놓고 다른 한쪽 밥에는 "야! 이 나쁜 밥아!"라고 써붙여 놓았다. 그리고는 한 번씩 붙여 놓은 대로 말해주었더니 한쪽에는 곰팡이가 생기고 한쪽은 아무 일도 일어나지 않았다는 실험 결과를 보여주었다. 부정적인 말이, 한갓 밥이라도 얼마나 나쁜 영향을 끼치는지 알 수 있는 실험이었다. 부정적인 에너지는 밥에게도 전달이 됐다. 우리는 부정적인 말에는 나쁜 에너지가 많이 있다는 것을 알게 되었으니 나 자신이나 상대방에게 부정적인 말을 해서는 절대로 안 된다는 것을 알게 되었다. 긍정적인 말을 하는 행동은 억지로 만들어서라도 해야 한다. 즐겁지 않아도 웃으면 즐거워지는 일을 해야 한다. 긍정적인 말들은 우리의 감정을 열정이 솟아나게 하고 의욕적으로 만들어주게 되어 있다. 긍정의 마법은 끝이 없다.

07

## 행복해지는 긍정 부적

"사람들은 행복하려고 마음먹은 만큼 행복해질 수 있다."

– 에이브러햄 링컨

우리가 살면서 몸에 부적을 지녀본 경험을 해본 사람이 더러 있을 것이다. 만사형통 부적, 소원 성취 부적, 운수대통 부적, 재물 부적 등. 자의에 의해서든 타의에 의해서든 부적을 몸에 지니거나, 베개 속에 집어넣어놓거나, 지갑에 넣어 다니거나 했을 것이다. 이러한 부적들은 돈으로 주고 산 부적들이 대부분이다. 그런데 행복해지는 말들로 가득 채워진 긍정 부적은 이 세상 어디에도 없다. 우리 스스로 만들어야 한다. 이 부적을 몸에 지니고 있으면 세상의 모든 긍정적인 힘을 끌어당길 텐데.

"난 행복해진다, 행복해진다."라고 저절로 외쳐질 것이다. 행복해지는 긍정 부적을 만들려면 어떤 재료들을 준비하여야 할까?

내가 어릴 땐 집마다 굿을 많이 했다. 우리 집도 예외는 아니었다. 친할머니는 내가 체하거나 아프다고 하면 무조건 무당을 불러서 굿을 했다. 굿을 해도 낫지도 않는데, 병원에 가서 나았는데도 우리 가족이 조금만 아파도 할머니는 굿을 하고 부적을 태우곤 했다. 할머니는 왜 그때 굿을 했을까? 그것이 할머니의 행복해지는 긍정의 부적이었을까? 지금 생각해보니 그 방법이 할머니의 가족을 지키는, 유일하게 할머니를 행복하게 하는 부적이 아니었나 싶다. 사람마다 행복해지는 다양한 방법이 있을 것 같다.

초대 미국 대통령 조지 워싱턴의 부인이자 미국 최초의 퍼스트레이디인 마사 워싱턴은 행복에 대해서 이렇게 말했다. "행복의 대부분은 우리가 처한 환경이 아니라 우리가 보는 관점에 달려 있다."라고.

행복은 우리가 처한 환경에는 전혀 상관이 없다는 걸 알고 있다. 우리 마음가짐에 따라서 행복의 크기가 변한다는 걸 알고 있다. 행복하다는 마음이 들어야 우리 힘든 삶도, 어려운 역경도 극복할 수 있다. 내가 행복하다고 느끼지 못하면 삶은 무한정 힘들어지고 자신이 초라해지는 모습만 보게 될 것이다. 나의 행복을 남이 결정한다면 정말 불행할 것 같다. 기쁨이나 감사, 행복감과 보람을 느끼고 싶다면 나 자신을 사랑하고 내가 좋아하는 일을 찾아서 하는 것이 행복한 일이란 걸 알 수 있다.

행복하지 않다고, 힘들다고 자신을 괴롭히거나 남을 비난하거나 우울한 생활을 하는 사람은 삶에서 실패한 사람이다. 우리는 행복하게 살아야 할 의무가 있다. 귀한 사람일수록 존경받듯이 행복해지도록 우리 마음을 긍정적으로, 귀한 마음으로 가꾸자.

"행복은 습관이다. 몸에 지녀라."

– 허버트

우리가 행복해지려면 인간관계도 중요하다고 데일 카네기가 말했다. 『데일 카네기의 인간관계론』에서 "인간관계의 가장 요점은 '행복한 가정을 만드는 7가지 비결'이었다. 카네기는 인생을 살아가면서 사회에서의 인간관계도 중요하지만 정말 인생의 행복을 안겨주는 인간관계가 가족이다."라는 결론을 맺었다. 가장 기초가 되는 인간관계의 단위이면서 우리가 사는 삶에서 민감하게 행복을 좌우하는 관계이기도 하다. 가족과의 관계가 좋지 않으면 사회에 나가서도 결코 행복한 사회생활을 할 수가 없다. 카네기의 행복한 가정을 위한 7가지 비결은 의외로 단순하다.

1. 잔소리를 하지 말 것.
2. 상대를 바꾸려 하지 말 것.
3. 비난하지 말 것.
4. 진심으로 칭찬할 것.
5. 작은 관심을 보일 것.
6. 예의를 갖출 것.
7. 조화로운 성생활을 유지할 것.

너무 단순해 보이지만 데일 카네기의 7가지 비결을 지켜내기는 결코 쉬운 일은 아니다. 카네기는 가정을 가장 빠르게 무덤으로 안내하는 방법도 소개한다. 열정적인 사랑을 해서 결혼을 하고 부부가 되어 가정을 이루어도 이혼 법정으로 빠르게 가는 방법이 있다. 잔소리를 끝없이 해대고, 끊임없이 비난하고, 상대를 바꾸려고 끊임없이 못살게 굴면 가정은 순식간에 초전박살이 난다고 했다. 우리 가정이 행복해지는 긍정 부적은, 잔소리하지 않으며, 상대를 바꾸려 하지 않고, 비난하지 않고, 진심으로 칭찬하고, 상대에게 관심을 보이고, 예의를 갖추어서 조화롭게 생활을 유지해나가는 것이다.미국 대통령 에이브러햄 링컨은 남북전쟁보다도 불행한 결혼생활로 더 유명한 대통령이다. 악처였던 링컨 대통령의 부인은 링컨 대통령에게 25년 동안 끊임없는 잔소리와 악담, 불평불만으로 남편을 괴롭혔다고 한다. 끊임없이 화를 내고 때로는 폭력을 행사하기도 했다고 한다. 한번은 뜨거운 커피를 다른 사람들이 보는 데서 링컨의 얼굴에 부었다는 설도 있다. 링컨은 집에 돌아가기를 싫어했을 정도였다고 한다. 데일 카네기는 링컨 대통령의 결혼생활에 대해 "에이브러햄 링컨이 암살된 것은 그의 결혼에 비교하면 비극이라고 하기엔 부족하다."라는 말까지 남겼다.

『전쟁과 평화』로 유명한 러시아의 문호 톨스토이도 불평불만 잔소리를 해대는 아내와 결혼했다. 그렇게 멋진 작품을 내고 유명한 작가였으나 그의 삶은 비극으로 끝이 났다. 결혼 때문이었다. 아내와 톨스토이는 18살 차이가 났고 성격이 달라도 너무 달랐다. 결혼 초기에는 행복했으나 48년이 지나게 되자 톨스토이는 아내를 쳐다보는 것도 싫어했다. 마침내 82세가 되었을 때, 가정의 불행을 더는 견디지 못해 눈 내리는 밤 아내로부터 도망을 쳤다. 11일 후, 기차 정거장에서 폐렴으로 죽은 채 발견이 되었다고 한다. 마지막 유언은 "자신이 있는 곳에, 아내가 나타나면 안 된다."라는 것이었다고 한다. 톨스토이 부인이 끊임없이 잔소리와 불평을 하고 히스테리를 부린 결과였다고 카네기는 설명한다.

나도 가정생활을 하다 보니 잔소리를 어쩔 수 없이 하는 경우가 생기기도 하지만 잔소리는 될 수 있으면 하지 않는다. 잔소리가 비난으로 커질 가능성이 있기 때문이다. 나는 잔소리를 듣기 싫어한다. 그래서 잔소리를 들을 수 있는 소지가 되는 것들은 전부 치워버렸다. 아이들에게도 남편에게도 잔소리를 잘 하지 않는다. 가족들에게 잘 하지는 못하지만 그런데도 가정을 평화롭게 지키기 위해서 나름대로 노력해왔다. 가정이 항상 좋을 수는 없다. 비바람도 불고 태풍도 오고, 천둥, 번개도 온다. 서로를 향한 불평불만과 비난은 서랍장 안 속에 일찌감치 넣어둬야 한다. 잔소리와 비난을 피하면 행복이 저절로 찾아온다고 한다. 행복해지는 결혼생활을 하기 위해 결혼 후에도 부부 사이에 예의를 지켜야 한다고 했다. 카네기는 예의를 지키지 않는 '무례함'을 '사랑을 집어삼키는 암'이라고 정의했다. 카네기는 결혼생활에서 예의는 자동차의 윤활유 역할과 같다고 설명한다. 우리의 행복한 관계의 비결이 잔소리와 비난을 절제하는 부적이었다니 단순한 진리에 무척 감사하다. 벨기에의 문학자 마테를링크가 쓴『파랑새』는 유명한 희곡이다. 그 줄거리는 다음과 같다.

크리스마스 전날 밤, 나무꾼의 두 어린 남매가 꿈을 꾼다. 꿈속에서 요술쟁이 할머니가 나타나서 파랑새를 찾아 달라고 말한다. 여기에서 파랑새라고 하는 것은 행복을 상징한다. 그래서 두 남매는 행복의 파랑새를 찾아 멀리 여행의 길을 떠난다. 죽음의 나라를 두루 살피고, 또 과거의 나라를 빙 돌아다니고, 두루두루 다닌다. 그러나 아무 데서도 행복의 파랑새를 찾지 못한다. 그러다가 자기 집에 돌아와서 보니 집 문에 매달린 새장 안에서 행복을 뜻하는 파랑새를 찾게 된다는 것이다.이 동화처럼 우리는 행복을 밖에서 늘 찾고 있었다. 행복을 찾으려고 밖으로 돌아 다녀봤자 소용이 없다. 우리 안에 행복이라는 거대한 나라를 가지고 있는데도 불구하고 엉뚱한 곳에서 찾으려 헤매고 있었다. 가까이에 있는 행복을 눈 뜬 봉사처럼 찾을 수 없다는 게 너무 안타까웠다. 행복은 남과 비교해서 만들어지는 게 아니라 긍정적인 마음으로 자신의 할 일을 해가며 남에게 도움이 되는 노력을 하고 있을 때 우리는 행복해질 수 있다고 한다. 우리는 진정으로 긍정 부적을 만들어 행복해지는 재료들을 우리 안에서 찾아야만 한다. 우리의 행복이라는 나라는 밖에 있는 것이 아니라 우리의 내면에 있다는 것을 명심하자. 행복해지는 긍정 부적은 언제나 우리 곁을 지키고 있을 것이다.

08

## 자주 찾아오는 불안감을 피하는 법

"아니, 이건 상상일 뿐이야. 넌 나를 굴복시킬 수 없어."

– 김연아의 불안을 극복하는 방법

'하루살이는 물 밖으로 나와 사는 7일 동안 불안하다는 생각을 하고 있을까?' 하루살이의 수명은 물 밖으로 나오면 7일 정도밖에 못 산다고 한다. 하루살이는 크면서 입이 없어진다고 한다. 짧게 살다가 죽는 이유도 굶어서 죽는다는 것이다. 하루살이가 떼를 지어 다니는 이유도 천적에게 잡아 먹힐까 불안해서 떼로 다닌다고 한다. 하루살이의 짧은 생은 우리가 보기에는 비극적으로 보이지만, 7일 동안 열심히 하늘을 비행하며 춤추며 살다가 가는 생은 불안감이 전혀 없어 보인다. 그런데 우리는 왜 불안감을 느끼며 살까? 아침마다 눈을 뜨면 이유 없이 가슴을 커다란 바윗

돌이 누르고 있는 것 같았다. 몸이 딱딱한 돌처럼 굳어버려 일어나기도 힘들었다. 두려운 마음은 심장을 오그라들게도 했다. 내 피가 바깥으로 다 빠져나가버리는 듯한 경험을 하기도 했다. 몇 분 동안 불안한 마음을 진정한 뒤 일어나야 했다. 하루를 생활하다 보면 아무 일도 일어나지 않는데 왜 나는 쫓기는 사람인 양 가슴이 두근거리고 몸이 굳어질까를 생각해보았다. 이 현상들은 치킨 가게를 하면서 생긴 불안이었다. 가게를 하게 되니 장사가 잘되면 살 것 같고 안 되면 불안해서 죽을 것 같았다. 불안은 보이지는 않지만 나를 너무 힘들고 고통스럽게 만들었기 때문이다.

나폴레온 힐의 저서 『결국 당신은 이길 것이다』에서 힐이 악마에게 물었다. "어떻게 인간의 마음을 지배합니까?" 악마가 대답했다. "아, 그건 간단해. 인간의 두뇌 중 사용되지 않고 비어 있는 공간으로 침투해서 점령하기만 하면 되네. 인간의 마음을 장악하고 지배할 수 있도록 부정적인 생각의 씨앗을 뿌리는 거지!"라고 했다. 인간의 마음을 장악한 부정적인 생각의 씨앗이 내게 심어진 것이었다. 부정적인 생각과 불안에 지배당하고 있었다. 98%가 생기지도 않는 일로, 장사가 잘될 때도 있고 안 될 때도 있는데 하루하루 매출에 너무 신경을 쓰게 되다 보니 생기는 불안이었다. 가게에 너무 매달려서 '주문이 안 들어오면?', '비 오면?', '주문이 잘못 나가면?' 등 쓸데없는 걱정으로 불안해하고 있으니 내 몸이 이상 징

후를 나타내게 된 것이다.

'나를 믿지 않기 때문에 두렵고 불안한 것이다. 나를 믿어야 두렵지 않은 것이다.'

요즘 한 친구는 틈만 나면 주식과 가상화폐 시세 창을 번갈아 들여다본다. 특히 24시간 거래가 가능한 가상화폐 투자를 시작한 이후에는 밤낮없이 가격 변동을 확인하느라 피로감이 늘었다고 했다. 그녀는 "얼마 전에 코인 가격 변동 알람에 깨서 새벽에 일어나 매매를 했다고 했다. 주변에 주식, 코인으로 큰돈을 벌었다는 사람들이 늘어서 그런지 조바심이 난다."라고 말했다. 코로나 19 이후에 주식과 가상화폐 등 투자 열풍이 일면서 투자해놓고 불안해서 24시간 시세 창을 지키는 사람들을 보면 대단하다는 생각이 든다. 나도 가상화폐에 조금 투자해보았는데 온 신경을 그곳에 집중하게 되어 폐인 아닌 폐인이 되는 것 같아 포기했다. 돈도 개미 눈물만큼 넣어놓고 신경 쓰는 게 여간 힘든 일이 아니었다. 투자를 한 사람들은 밤낮없이 노심초사다. 떨어지면 불안, 올라가도 또 떨어질까 불안하다. 불안을 피하기 위해선 하나를 선택해야만 한다. 일상생활에 지장을 주지 않는다면 투자해도 되지만, 일상생활을 이어가지 못할 정도로 지장을 준다면 당장 투자를 멈춰야 한다. 잘 먹고, 잘 자고, 운동도 하면서 일상적인 생활로 되돌아가야 한다고 생각한다. 심리적으로 불안감을 가지고 있는 사람은 지금 상황이 나쁘지 않고 행복한 상황이라도 마음이 불안하다고 한다. 이 행복이 언제 끝날지에 대해서 또 새로운 걱정을 하고 있다는 것이다.

나는 남 앞에 나서는 걸 잘하지 못했다. 앞에 나서서 말을 하면 목소리도 떨리고 얼굴도 홍당무처럼 빨개지고 가슴도 뛰고 손에 땀이 나면서 다리가 후들거렸다. 말을 할 때도 내가 멍청한 말을 하는 것처럼 생각했다. 내가 바보처럼 느껴져서 스스로 패배자라고 느꼈다. 그렇게 느꼈기에 모든 사람이 내 뒤에서 수군거릴 거라는 생각이 들었다.

인디언 명언 중에 "두 늑대 중에 네가 먹이를 주는 쪽의 늑대가 승리할 것이다."라는 말이 있다. 내가 어느 마음에 힘을 주느냐에 따라 그 대상이 나의 힘을 먹고 크게 된다는 것이다. 그러니 불안해하는 마음을 가지고 있다면 그 불안은 더 커지게 되고 일단 최선을 다하자는 마음을 가지고 있다면 그 마음이 커지게 되는 것이다. 이 두 가지의 마음 중에 나는 불안을 떨쳐버리는 마음을 가지는 연습을 하기로 마음먹었다. 상대방에 대한 반응에 대해 상관하지 않기로 했다. 내가 최선을 다하면 그게 최고라고 생각하기 시작했다. 남의 눈을 의식할 필요는 없었다. 나의 슬금슬금 올라오는 불안을 피할 수 있는 최고의 방법은 긍정적인 마음의 소리를 들으며 잘 격려해주고 다독여서 같이 잘 살아가보자는 것이었다.

국민건강보험공단 건강보험정책연구원에 따르면 최근 우리나라에서 불안 · 공황장애를 앓고 있는 인구가 52만 명이 넘는 것으로 나타났다. 무한경쟁 사회 속에서 살면서 누구나 스트레스를 겪고, 생각지 못한 상황들 앞에서 삶의 변화를 꾀하며 불안을 느낀다. 하지만 불안이 지속이 되고 심각해지면 신경증이나 공황장애, 불안장애로 이어질 수 있다. 공황장애를 연예인 병이라고 부른다고도 한다. 연예인들도 많이 걸리기 때문이라고 한다. TV에 잘 나오다가 어느 날 공황장애에 걸렸다며 안 보이는 연예인들이 간혹 있다. 그들 중에 이경규, 이병헌, 김장훈, 정형돈 등등이 있다. 그중에 김장훈이라는 가수는 공황장애를 극복해냈다고 말했다. 하루에 40알을 넘게 먹던 약도 안 먹는다고 했다. 김장훈은 "나에게 공황장애라는 아픔은 단지 아픔으로 끝나지 않고 음악이 되었다. 그로 인해 나의 삶의 아픔이, 슬픔이, 그리고 기쁨이 담긴 진심 어린 음악을 만들 수 있게 되었다. 물론 때때로 덮쳐오는 공포에 죽을 만큼 힘들기도 하지만, 나는 이것이 누군가가 나에게 준 축복이라고 생각한다. 그래서 나는 감히 단언한다. 공황장애로 고통 속에 있는 모든 분이, 나와 같이 삶에서 무언가 크게 얻는 것이 있을 거라고. 단지 아픔은 아픔으로 끝나지 않을 거라고."라고 했다. 공황장애를 겪는 사람들의 고통을 겪어보지 않은 나는 그 고통을 알 수 없지만, 공황장애를 이겨내고 다시 활동하는 사람의 그 처절하고 간절한 마음이 담긴 이야기를 들으며, 자신을 사랑하기 때문에 공황장애를 극복했음을 느낄 수 있었다. 공황장애가 있는 사람들뿐만 아니라, 지금 이 세상을 살아가는 우리에게 모두 삼장법사가 손오공 머리에 두른 금테처럼 머리를 조여오는 병이 생길지 모른다. 병이 오기 전에 자신을 격려하고, 긍정하고, 사랑하고, 행복해하는 사람이 되어 있어야 할 것이다.

언제나 내 뜻대로 되는 게 하나 없고 예상치 못한 일이 생기는 게 인생이다. 사람들의 불안한 마음은 두려움이라는 공포에서 시작되는 것이다. 브렌든 버처드는 그의 저서 『두려움이 인생을 결정하게 하지 마라』를 통해 "지금 당신이 절대 할 수 없다고 생각하는 바로 그것을 지금 당장 시작하라."라고 조언했다. 어떤 일을 하고 싶은 마음이 들 때까지 기다릴 필요가 없다는 것이다. 일을 시작하고 나면 하고 싶은 마음은 곧 뒤따라 일어난다. 이 법칙은 자신감에도 정확히 적용된다. 자신감을 느껴야 준비가 된 것이라는 잘못된 편견이 있다. 하지만 준비되기 전에는 두렵지만 행동하면서 우리는 자신감을 얻는다. 일단 움직이기 시작하면 자신감이 따라붙는다. 우리가 느끼는 불안도 자신감이 없어지면서 생겨날 것이다.

우리는 태어나면서부터 죽는 순간까지 고뇌와 번민이 연속인 삶을 살아간다. 그러나 무엇이든 부닥쳐서 자신감을 만들고 불안을 피하는 연습을 해야 할 것이다. 마음속에 두려움과 불안을 안고 산다면 병이 찾아오게 되어 있다. 버릴 것은 버리고 취할 것은 취하려는 마음가짐이 우선이다. 불안이 아무리 나를 흔들어대도 나는 흔들리지 않겠다는 강한 의지를 갖고 불안으로부터 자유로워지면 행복과 의미 있는 삶을 찾을 수 있을 것이다. 쿵푸팬더의 대사 중에서 스승 우그웨이가 제자 쿵푸팬더에게

"넌 과거, 미래의 운명에만 너무 집착하는구나. 이런 격언 아니?"

"과거 속으로 사라진 어제는 역사, 신비로운 내일은 미래니까 미스테리, 하지만, 현재인 오늘은 선물이다. 그래서 오늘을 선물(present)이라고 하는 거야."

우리에게 자주 찾아오는 불안감을 피하는 방법은 매일매일 선물 같은 하루를 열심히 잘 살아가는 것이다.

# POSITIVITY

3장

# 아무도 가르쳐주지 않는 긍정의 습관

불안한 삶을 일으켜 세우는 긍정의 기술

01

## 불안한 감정에 정지 신호를 보내라

"아모르 파티, 자기 운명을 사랑하라."

– 니체

도로를 가다 보면 교통 단속을 하기 위해 경찰이 빨간 봉을 들고 정지 신호를 보낸다. 교통법규를 잘 지켰는데도 그 봉만 봐도 간이 철렁 내려앉으면서 불안하다. 예전에 차를 타고 가며 안전벨트를 매지 않아 교통법규 위반 과태료를 한 번 받은 적이 있다. 빨간 봉을 들고 정지하라는 신호를 보낼 것만 같아 봉만 보면 피하고 싶다. "도둑이 제 발 저리다."라는 옛날 속담이 딱 맞는 것 같다. 지은 죄가 있으니 마음이 조마조마해진다. 현재의 불안한 감정이 과거에 일어난 일 때문이라면 불안한 감정에 빨간 봉의 신호를 보내보자.

〈법륜 스님의 즉문즉설〉에서 한 질문자가 스님에게 "미래에 대한 막연한 불안감으로 일어나지도 않은 일에 대해서 불안하고 고민이 됩니다. 눈 수술을 받았는데 처음 경과는 좋았는데 정기검사에서 수술이 잘못되어 다시 해야 한다고 하는데, 또 수술이 잘못될까 봐 두렵습니다. 아직 일어나지도 않은 일에 대해 고민을 하는 이것이 저의 고민입니다."라고 질문했다. 법륜 스님은 "지금 행복하려면, 지금, 여기 늘 깨어 있어야 한다. 과거와 미래를 생각하지 말아야 한다. 이미 과거는 지나갔고, 미래는 오지 않았고, 현재는 그냥 움직이는 거다. 아직 두 번째 수술도 안 했는데 불안감으로 산다는 건 어리석은 일이다."라고 했다. 내 인생의 주인공은 '바로 나야, 나'다. 마음의 불안감으로 나 자신을 괴롭혀 행복해야 할 내 인생을 스스로 내다 버리게 되는 것이다. 현실을 인정하고 행복해하자. 우리는 되돌릴 수 없는 과거를 붙잡고 괴로워할 뿐만 아니라, 아직 오지도 않은 미래를 미리 걱정하고 불안해한다. 괴로운 과거와 불안한 미래에 대해 상상의 필름을 돌리는 건 어리석은 일인 것이다. 우리의 삶에 축복을 보내자.

나는 불안해지면 매운 음식이 먹고 싶어지곤 한다. 매운 닭발, 매운 떡볶이, 매운 족발, 매운 칼국수, 매운 짬뽕 등. 매운 음식을 먹고 나면 불안감이 사라지고 마음이 가라앉아서 기분이 너무 좋다. 왜 그럴까 해서 찾아봤더니 우리가 스트레스를 받을 때 이에 대응하는 '코르티솔' 호르몬이 우리 몸에서 나온다는 것을 알게 되었다. 코르티솔이 많아지면 신체 대사가 불균형해지고 쉽게 배가 고파진다고 한다. 생리학적으로 매운맛은 뇌에 통증으로 인지되는데, 뇌에서는 고통을 완화하기 위해 엔도르핀 같은 마약성 진통 물질을 분비해낸다고 한다. 그래서 매운 음식을 먹으면 잠시나마 스트레스가 해소되는 기분을 느낀다고 한다. 매운맛을 좋아하지 않는 사람들에겐 단지 '고통'이지만 매운 걸 좋아하는 사람에겐 완전 행복이다. 그런데 매운 음식을 먹을 때 주의할 점은 음식을 먹고 나면 속도 쓰리고 배도 아파서 화장실에 자주 가게 된다는 것이다. 매운 음식 먹으면 위도 아프고 치질도 걸릴 수 있으니 위가 안 좋거나 장이 예민하다면 우울하거나 불안하다고 해서 매운 음식 자주 먹으면 절대로 안 될 것이다. 매운 음식에서도 행복이라는 감정을 느끼는 이 순간은 아무도 가르쳐주지 않았지만, 우리의 불안한 감정들을 잠시 정지시킬 수 있어서 행복한 시간이 될 것이다.

"가지 많은 나무 바람 잘 날 없다."라는 옛날 어른들의 말이 있다. 친정엄마는 자식 네 명과 가족을 위해 절에 가서 기도를 참 많이 했다. 내가 어릴 때 엄마는 시장에서 포목 장사를 했다. 가게가 끝나고 나면 동생과 나를 데리고 깜깜한 산길을 따라 절에 가서 밤새도록 절하고 경 읽으며 기도했다. 동생과 나는 졸려서 법당 안에서 잠이 든 적도 있다. 지금 생각해보면 엄마의 간절함은 무엇이길래 밤에도 우리를 절에 올라가게 했을까? 우리 가족의 건강과 돈을 많이 벌 수 있게 해 달라고 빌었을까? 성격 급한 아버지와 네 명의 자식, 할머니 할아버지와 함께 대가족을 이루고 살았던 엄마의 감정은 하루가 십 년이었지 않았을까? 나도 시부모님과 같이 살아보니 힘들었던 적이 한두 번이 아니었다. 내 감정은 없어진다는 걸 그때 알았다. 내가 시집가서 아이도 낳아보니 엄마의 심정이 이해가 갔다. 엄마의 감정은 어디로 갔는지 없고 아이들과 남편, 어른들의 감정만 있었을 것이다. 친정엄마의 감정을 달래줄 유일한 곳은 엄마의 일터였다. 엄마의 포목 가게는 우울하고 불안한 엄마의 감정들을 다스리고 잠시 멈추어서 쉬게 하는 곳이었다. 엄마가 우리를 위해 절실하게 했던 기도 덕분에 우리는 현재 잘 살아가고 있다.

"엄마, 고맙습니다."

나이가 들다 보니 아픈 곳이 종종 나타난다. 어느 날 친구가 갑상선에 혹이 만져져서 정밀검사를 받았다고 했다. 결과를 기다리고 있는데, 걱정과 불안, 초조한 마음을 내려놓기가 힘이 든다고 했다. 친구의 마음은 충분히 이해가 되었다. 친구가 죽을지도 모르는 상황이 벌어졌기 때문이다. 결과가 아무 이상이 없으면 다행이라 여기겠지만, 만약 암이라고 한다면 세상이 무너지는 아픔을 가질 것이다. 친구에게 초조한 마음을 가지지 말라고 해도 되지 않을 것이다. 귀에 아무 말도 들어오지 않을 것이기 때문이다. 친구에게 법륜 스님의 말을 전해주고 싶다.

"몸에 이상 증세를 발견했을 때 우리가 할 수 있는 것은 간단하다. 먼저 몸에 이상이 있으면 병원에 가서 진찰을 받으면 되고, 정밀검사를 이미 받았다면 결과를 기다리면 된다. 만약 양성종양이라고 하면 '아이고, 감사합니다.' 하면 된다"고 말한다. 검사 결과가 나오는 시간 동안 얼마나 노심초사였을까? 하루가 일 년 같이, 시간이 흐르지 않는 건 당연지사였을 것이다. 나쁜 생각을 가지면 계속 나쁜 생각만 들고, 좋은 생각을 가지면 좋은 생각이 드는 건 왜일까? 우리의 마음은 불안한 감정에 계속 많은 집중을 하게 되어 있는 구조라고 한다. 친구처럼 나도 암 검사를 하고 조직검사 결과를 기다리는 동안 피가 마르는 듯한 느낌이었다. 일주일 동안 별별 생각이 다 드는 상황을 겪어보지 않으면 정말 그 느낌을 모르기 때문이다.

사람에게 돈 불안, 건강 불안은 최대 적인 게 틀림이 없다. "만약 악성종양이었으면 어땠을까?" 하고 생각해보니 사람인지라 반갑지는 않았을 게 사실이다. 내가 왜 이렇게 병에 걸려야 하는지 울부짖고 싶을 것 같기도 하다. 그러나 생각을 전환해야 한다는 생각이 들었다. 암 종양을 떼고 살아갈 수 있다면 그것 또한 감사한 일이라는 생각이 들었다. 이것도 수술하지 못하는 결과가 나온다면 그 또한, 얼마나 힘든 일인가. 수술해서 살 수 있다고 한번 생각해보면 얼마나 감사한 일인지. 감사한 생각은 불안한 마음을 진정시킬 수 있을 것이다.

아들 친구가 우리나라에서 이름난 대기업에 이력서를 넣었는데 100명 모집에 2만 명이 응시했다는 것이다. 그 소리를 듣고 깜짝 놀랐다. 요즘 취업은 '낙타 바늘구멍 들어가기'보다 더 어려운 것 같다. 코로나 시국에 이력서를 넣고 싶어도 뽑는 회사가 없으니 취업 공고가 나오면 확 몰리는 현상이 일어난다는 것이다. 성적도 학점이 거의 만점인 취준생들이 많다고 한다. 엄청난 이력을 가지고 응시해도 합격이 잘되지 않는 현실이다. 취준생들이 한꺼번에 몰린다는 사실도 불안하다. 날고 긴다는 취업생들이 얼마나 많은지. "코로나 재확산에 하반기 취업 문도 바늘귀… 취준생들 한숨"(〈연합뉴스〉(2020.08.21.))이라는 취준생들의 고민거리인 취업에 관한 뉴스가 나왔길래 옮겨본다. 신종 코로나바이러스 감염증 확진자 수가 다시 급증하면서 2020년 하반기 채용 시기를 앞둔 취업준비생들의 한숨이 깊어지고 있다고 했다. 상반기에 이어 하반기에도 코로나 사태로 채용이 연기되거나 축소될 우려가 나오는 가운데 사회적 거리 두기에 따라 공부할 공간도 여의치 않아졌고, 여기에 생활비 걱정까지 '삼중고'가 덮쳤다고 한다. 불안한 시국에 굉장히 안타까운 뉴스다. 취준생들은 얼마나 답답하고 힘들지 예상이 된다. 우리 집에도 취준생이 있기에 불안하다. 코로나가 발생하기 전에는 취업이 그나마 쉬웠다는 생각이 든다. 때 되면 취업 공고가 나왔는데 코로나가 터지고 나서는 나오던 취업 공고조차 없으니 막막하게 느껴질 것이다. 그러나 취준생들도 준비하고 기다리면 이 어려운 상황이 지나가고 취업 문이 활짝 열릴 것이라 본다. 준비하는 자에게 기회가 온다. 긍정적인 생각으로 취업 준비를 착실히 하고 있으면 될 것 같다.

버터플라이 허그(Butterfly Hug)라는 심리요법이 있다. 1998년 멕시코에서 허리케인을 경험한 사람들의 불안을 치유하기 위해서 개발한 방법이라고 한다. 두려움, 근심, 불안, 걱정 등 감정적으로 동요가 심할 때 마음을 가라앉히는 방법이라고 한다. 굉장히 간단한데 효과는 매우 좋다고 한다. 방법은 다음과 같다.

1) 고요한 시간에 편안하게 자리를 잡고 앉는다.

2) 오른손은 왼쪽 어깨에, 왼손은 오른쪽 어깨에 X자로 교차해서 올려놓는다.

3) 천천히 4~6회 정도 부드럽게 토닥인다. 이때 왼쪽과 오른쪽을 각 한 번씩 토닥인다.

4) 토닥이면서 눈을 감고 안전하고 평온한 이미지를 떠올린다. 마음을 편안하게 해주는 특정 장소를 떠올려도 되고, 단어를 떠올려도 된다.

5) 그 후 두드리는 것을 멈추고, 심호흡을 한 번 크게 하면서 마음을 가

만히 느껴본다. 이렇게 3~4회를 하면 불안감을 해소할 수가 있다고 한다. 이 방법을 보자마자 너무 기뻤다. 불안한 사람들을 위로하는 방법이 너무 간단해서 굉장히 좋았다. 나를 위로하는 느낌으로 버터플라이 허그를 해봤다. 양어깨를 토닥토닥해주는 건데 이때 평온한 이미지를 떠올리라고 해서 숲속의 살랑거리는 바람을 상상했다. 신기하게도 마음이 편안해짐을 느꼈다. 불안감으로 힘들어하는 사람이 많다. 이 방법을 많이 나비효과처럼 전파해야겠다. 이 책을 보는 독자들은 이제 불안감에서 해방이다. 버터플라이 허그가 있으니까. 불안감으로 떨 시간이 없다. 우리의 세상은 넓고 할 일도 많으니까.

'내가 지금 이렇게 행복해도 될까?' 하면 꼭 불안한 일이 생긴다. 연애 잘하고 있다가도 헤어지는 경우가 있다. 왜 그럴까? 헤어지는 불안한 생각을 하고 있기 때문이다. 너무 행복해서 불안한 사람들이 의외로 많다. 행복이 깨지면 어떡하지? 행복이 언제 사라질까? 이런 걸 왜 생각하는지 모르겠다. 행복함을 경험하는 데 전념한 만큼 감사함을 경험하는 데 전념하지 않았기 때문이다. 가진 것에 감사함이 없고 더 가지려는 욕심을 부리기 때문이다. 불안감도 영원한 것은 아니다. 너무 빨리 없애려고는 하지 마라. 삶에 불안감이 찾아올 때 "불안감아, 어서 와."라고 받아들이면 된다. '불안해서 못 살겠다, 불안해서 죽겠다, 불안해서 미치겠다.'라는 말들은 저 멀리 지구별 밖으로 날려버리자. 행복한 것, 재미있는 것,

맛있는 것, 감사한 것, 신기한 것, 평화로운 것을 보물섬을 찾아가는 것처럼 천천히 함께 찾아보는 건 어떨까? 불안한 감정, 행복한 감정 등 모든 감정은 우리가 만들어나가는 것이다. 불안한 감정에 정지 신호를 보내기만 하면 될 것이다.

"더 나은 사람이 되려면 우리는 실수와 한계를 드러내는 일에 두려움을 갖지 않아야 한다. 가장 많은 실수와 한계를 드러내는 사람이 가장 열심히 노력하는 사람이다. 그러니 그것들을 보여주는 건 자랑스러운 일이지, 부끄러워할 이유가 아니다."

– 팀 페리스, 『타이탄의 도구들』

02

## 부정적인 생각은 당신을 구원할 수 없다

"좋은 생각을 품으면 그 생각이 마치 햇빛처럼 얼굴에서 빛을 내고, 그런 사람은 항상 사랑스럽게 보일 것이다."

– 로알드 달

친구에게 유튜브 편집을 배워야겠다고 이야기했더니 친구가 대뜸 "지금 그거 배워서 어디에 써먹을 건데?", "편집하는 거 젊은 사람도 못 써먹는데 네가?", "컴퓨터 잘 다루지도 못하면서?", "나이도 많으면서?", "누가 취직이나 시켜주냐?", "레드오션이다, 한물갔다."라고 하면서 찬물을 확 끼얹는다. 친구는 유튜브 편집을 배우지도 않고 어찌 그리 아는 척을 하는지 정말 밉상이다. 친구가 매사 부정적인 사람인 줄 이제 알게 되었다. 말을 할 때마다 부정적인 말을 하는 사람이 있다. 정말 가까이하기 싫은 사람이다. 남이 잘되면 배가 아픈 사람이다. 친구가 무얼 배운다고 하면 격려는 못할망정 기죽이는 소리만 해대니 다시는 만나지 말아야 할 친구로 점찍어놓았다. 우리는 살아가면서 부정적인 말보다는 긍정적인 말에 위로를 받으며 살고 싶은 소망을 갖게 된다. 말 한마디에 지옥과 천국으로 왔다 갔다 하기 때문이다.

오래 알고 지낸 언니가 있는데, 언제부턴가 만나고 집에 들어올 때면 진이 빠지고 만나면 후회가 들고 짜증 난다. 직장 이야기, 남편 이야기, 자식 이야기, 자기 이야기만 떠들어댄다. 기다렸다 끝나면 나도 말해야지 하다 보면 내가 뭔 이야기를 하려 했는지 기억도 나지 않는다. 고집은 또 왜 이리도 센지 말에 대꾸라도 하면 끝까지 본인 말이 옳다고 우긴다. 언니를 만나고 집에 들어오는 오는 날은 너무 피곤해서 지칠 때가 많다. 일방적으로 이야기를 듣고 있었기 때문인 것 같다. 정말 기 빨리게 하는 사람이다. 이런 사람을 스테판 클레르제의 저서 『기운 빼앗는 사람, 내 인생에서 빼버리세요』에서는 '멘탈 뱀파이어'라고 부른다. 『기운 빼앗는 사람, 내 인생에서 빼버리세요』의 저자 스테판 클레르제의 표현을 빌리자면 '멘탈 뱀파이어'인 친구와의 관계를 너무 오랫동안 유지하는 바람에 좋은 에너지가 없어진다고 한다. '멘탈 뱀파이어'란 책 제목처럼 '내 기운을 빼앗는 사람'을 뜻한다. 책에서는 인생에서 멀리해야 할 '멘탈 뱀파이어'를 유형별로 나눴는데, 자기 말은 많이 하지만 내 말은 전혀 귀를 기울이지 않는 사람도 그중 하나라고 한다. 저자는 "이들이 말을 들어주는 것은 당신을 이용하는 데 도움이 될 정보를 수집할 때뿐이다. 이들은 절대로 남을 생각하지 않는다. 필요할 때 남을 생각하는 척 연기할 뿐이다."라고 설명했다.

그 언니와의 관계가 오래되니 대신에 내 속이 곪아 터졌다. '멘탈 뱀파이어' 같은 사람과 끝내면 좋겠지만 사람의 관계는 그렇게 쉽게 끝낼 수가 없기도 하다. 나에게 부정적인 생각을 주는 사람이지만 오래된 사이기 때문에, 연락을 딱 끊기가 어려운 일이다. 진즉에 눈치채고 멀리해야 하지만 그리 쉽지 않다. 그 이유는 오랫동안 알고 지냈고 지금껏 이어온 우정이 있기 때문이다. 안타깝게도 우리 주변에는 자신이 부정적인 생각을 말하고 있는 '멘탈 뱀파이어'라고 자각하는 사람은 없을 것이다. 마음 깊은 곳에 자리하고 있어야 할 긍정적인 생각이 말라버려서 제대로 된 자신을 구할 수 없기 때문이다. 자기 멋에 사는 사람들이기 때문이다.

"여러분을 더욱 높이 올려줄 사람만 가까이하세요."

– 오프라 윈프리

미용실에 가면 다양한 사람을 만날 수 있다. 그중에 남의 이야기를 참 잘하는 사람이 있다. 어디서 듣고 왔는지 연예인 연애 이야기, 정치 이야기, 이웃집 이야기, 부동산 이야기를 쉴 새 없이 한다. 좋은 이야기만 하고 끝내면 될 일을 꼭 마지막엔 남의 험담까지 한다. 남의 이야기를 잘하는 사람들의 특징을 보니 본인에 관한 이야기는 절대로 하지 않는다. 본인에 관해 할 이야기가 없으니 남의 이목을 끌려는 게 아닐까 생각이 든다. 남의 이야기를 잘하는 사람은 사소한 일에도 쉽게 침울해지고 늘 불만에 가득 차 있는 것 같다. 자존감이 낮고 열등감이 높은 사람이 많은 것 같다. 긍정적이지 못하고 부정적인 사람인 것 같기도 하다.

『백만장자 시크릿』 저자 하브 에커는 부정적인 사람의 특징에 관해서 이렇게 써놓았다. 다른 사람의 부정적인 특징을 '저렇게 되지 말자.'라는 각성제로 활용하는 훈련에 돌입하는 것이라 했다. 그들이 부정적인 성향을 드러낼수록 당신에게는 그런 방식이 얼마나 '한심한가'에 대한 각성제가 많아진다는 것이다. 그들을 비난하지 말고 다르게 행동하고 그들의 모습과 행동에 판단의 잣대를 들이대며 비판하고 깎아내리면 당신도 그들과 다를 게 없다고 했다. 부정적인 생각으로 가득 찬 사람을 만나면 긍정적인 에너지를 보여주자. 긍정적인 에너지는 부정적인 에너지보다 더 전염성이 강하다. 마음속 깊이 심어진 부정 에너지를 긍정 에너지로 교체하면서 부정적인 생각에서 끌어낼 수 있을 것이다. 먼저 우리가 긍정적인 사람으로 무장을 하고 있어야 할 것이다. 부정적인 생각은 사람을 병들게 한다. 그 예로, 경찰공무원 시험 준비생이었던 동생은 정신과 마음이 불안한 상태에서 시험 준비를 시작했다. 이미 시험 전부터 '난 떨어질 거야.'라는 부정적인 생각, '난 실패자야.'라는 죄책감, 불안들을 억누르고 있는 생각을 계속해서 하고 있었기에 마음이 복잡한 상태였다. 시험이 다가올수록 더 심해지고 나아지지 않으니 마지막으로 병원에 다녀와 약이라도 먹으면 괜찮을까 생각했다고 한다. 동생은 시험을 치기 전부터 미리 부정적인 생각으로 시험을 포기하고 있었다. 정신적으로 많이 피폐해진 상태에 있었기 때문이었다. 긍정적인 마음으로 시험에 합격할 거라는 생각은 하지 않고 시험에 떨어질 거라는 부정적인 생각을 먼저 하고 있으니 결과가 좋을 리가 만무했다.

"부정적인 사람, 건강에 적신호 켜진다."

〈사이언스 타임즈〉 (2014.07.24.)에 보면 이런 기사가 나와 있다.

"일반적으로 부정적인 생각은 건강에 도움이 되지 않는다고 알려져 있다. 실제로 사람들의 이런 믿음을 과학적으로 증명하는 연구가 발표되었다. 부정적인 생각이 정신적인 스트레스를 줄 뿐만 아니라, 신체적으로도 나쁜 영향을 준다는 것이 밝혀진 것이다."

부정적인 생각을 많이 한 사람 중에 우리 아버지가 있다. 늘 입버릇처럼 '내가 죽어야지.' 하셨다. 그냥 입버릇이었다. 우리 아버지는 약간 특이한 사람이었다. 바깥 생활도 잘하고 늘 큰 목소리로 말을 하는데 본인에게 말대꾸라도 하면 바로 응징을 하는 사람이었다. 그런데도 부정적인 생각을 많이 했었다. 그래서 그런지 뇌졸중으로 쓰러져서 2년 동안 병원 신세를 졌다. 냉소적인 사람들이 뇌졸중을 앓을 확률이 높다고 한 게 맞는 것 같다. 결론적으로 부정적인 생각은 병을 들게 하기가 쉽다는 것이다. 긍정적인 생각으로 병에 걸릴 확률을 적게 만들어야 할 것이다. 충분한 사랑을 가지고, 긍정적인 것에 관심을 가지고, 긍정적으로 생활하는 사람은 마음이 안정되고 행복하다는 것이다.

우리는 부정적인 생각에 세뇌를 많이 당해왔다. '나는 할 줄 아는 게 없어.', '내 통장에는 왜 돈이 없을까.', '시험 안될 게 뻔해.' 이런 부정적인 생각들은 우리의 삶을 불행하게 한다는 것이다. 부정적인 생각을 많이 한다면 자신의 마음을 행복한 마음으로 구원할 수가 없다. 부정적인 생각은 자연스러운 것이지만 너무 깊이 들어가면 옳고 그름을 판단하기가 어렵다. 나는 부정적인 생각을 정말 많이 하는 편이었고, 일상생활에 쓰는 말들에 부정적인 단어들을 99%나 사용하고 있었다. '그것도 못 해', '안 해', '하지 마', '왜 이래', '그래, 가지고 어떻게 할 건데', '못났다, 정말' 등등. 평소에 사용되는 말들에 이렇게 부정적인 말들이 많을 줄은 상상도 할 수가 없었다. 그래서 긍정적인 생각과 말로 하루를 시작하는 루틴

(판에 박힌 일)을 만들기로 했다. 먼저 아침에 일어나면 감사의 기도를 5분 동안 할 것이다. 오시마 준이치의 저서 『커피 한 잔의 명상으로 10억을 번 사람들』에서 경제적으로 넉넉하지 못한 상황에서 실직을 당한 블로크씨의 이야기가 나온다. "어느 날 밤 감사한 마음 즉 감사 명상을 알게 되었고, 매일매일 감사기도를 해보기로 했다. 지푸라기라도 잡는 심정으로 그는 매일매일 감사 명상과 '감사합니다'라며 확언하기 시작했다."라고 한다. 처음에는 너무 힘든 상황이라 감사한 마음이 잘 들지 않았다고 한다. 아침저녁으로 5분씩 말로 확언하고 기도하면서 명상하기 시작했더니 실제로 감사한 일들이 찾아오기 시작했다고 한다. 그는 이 감사함이 우주로 가서 우주의 힘에 닿는다고 믿었다. 우주의 법칙을 알고 있었다. 우주는 우리의 감정을 알고 있다고 했다. 날이 갈수록 정말 감사하면 할수록 값진 일들이 매일매일 생기기 시작했다니 이 얼마나 놀라운 일인가.너무 놀라운 긍정 에너지 감사기도여서 꼭 따라 해보고 싶었다. 그리고 감사일기를 5줄씩 쓰기로 했다. 5~10분 명상을 하기로 했다. 나에게 토닥토닥 버터플라이 허그를 해줄 것을 결심했다. 따뜻한 물 한잔으로 잠자고 있던 나의 세포들을 깨우기로 마음먹었다. 이렇게 하면 우리 마음속 깊이 있던 부정적인 감정들은 99%가 사라지고 기적이 일어날 것이 틀림없다. 이 기적의 강렬한 루틴들은 부정적인 생각들을 몰아내게 하고, 긍정적인 에너지로 우리를 구원할 수 있을 것이다.

03

## 긍정의 주문을 걸어라 '된다, 된다, 나는 된다.'

"할 수 있다. 할 수 있다. 할 수 있다."

– 리우데자네이루 올림픽 펜싱선수 박상영

2016년 리우데자네이루 올림픽에서 펜싱선수 박상영은 11:14로 지고 있었다. 1초, 1초가 힘든 상황이었다. 박상영은 잠시 쉬는 시간에 '그래, 할 수 있다. 할 수 있다. 할 수 있다.'라는 긍정의 주문을 되뇌고 있었다. 그리고 경기 시작하자마자 기적 같은 역전승이 일어났다. 헝가리 선수를 이기고 금메달을 목에 걸었다. 강한 집중력과 긍정의 주문 '할 수 있다'로 마법처럼 꿈을 이루었다. 어린 나이 21세에 진짜 겁 없는 강심장이었다. 대단한 담력이었다. 그날의 감동은 지금 생각해도 전율이 온다. 모두가 포기할 때, 홀로 '할 수 있다'로 긍정의 주문을 걸은 당찬 박상영 선수의 패기는 끝내 대한민국 펜싱에 새 역사를 만들었기 때문이다. 박상영 선수가 되뇌었던 긍정의 주문은 불안한 마음을 진정시키고 승리로 이끌었다. '할 수 있다'라는 주문은 온 세계와 대한민국을 긍정이라는 마법에 빠지게 했다. 진흙 구덩이에서도 꽃은 피어나듯이 상실감을 겪은 우리의 마음은 긍정의 주문으로 치유할 수 있을 것이다. 누군가가 나에게 "너는 강해", "너는 용감해", "너는 할 수 있다", "너에겐 한계란 없어", "너는 사랑받고 있어"란 향기롭고 기운 나는 말을 해준다면 두려움이 와도 극복할 수 있는 용기가 생길 것이다. 그렇지 않고 "네가 고작", "네가 잘하는 게 뭔데?", "네가 할 수 있는 일은 없어" 등 부정적인 악취가 나는 말을 한다면 분명 나는 그 말에 모든 걸 포기할 수 있을 것이다. 우리 입에서 나오는 악취를 풍기는 부정적인 말들은 사람뿐만 아니라 나무도 죽일 수 있다는 사실이다.

장영희 교수의 수필집 『문학의 숲을 거닐다』에서 나오는 글이다. "아프리카의 어느 부족은 너무 웃자라 불편하거나 쓸모없게 된 나무가 있을 때는 톱이나 칼로 잘라버리는 대신, 온 부락민이 모여 그 나무를 향해 크게 소리 지른다고 한다. 예컨대 '너는 살 가치가 없어!', '우린 널 사랑하지 않아!', '차라리 죽어버려!' 등 나무가 들어서 가슴 아파할 만한 말을 계속하면 시들시들 말라 죽어버린다는 것이다." 말의 힘은 실제로 강력하고 대단하다. 사람의 말의 힘이 얼마나 강한지는 나무가 말라 죽어버린 것에서 보았듯이 말에 어떤 기운을 담는가가 중요하다. 악취가 나는 말의 기운을 나무도 알아듣는다는 것이다. 그릇에 밥을 담고 '사랑해'라고 말을 하면 밥에 곰팡이도 안 피고 그대로 있다는 것이다. 말 한마디로 밥을 변하지 않게 하고 나무를 죽이는 말에는 강력한 기운이 들어 있다. 내가 내뱉은 말은 훗날에 내게 다시 돌아온다는 우주의 법칙이 적용된다. 긍정적인 말을 해야 내게 다시 긍정적인 말이 돌아온다는 법칙이 우주에는 있다.

"말 한마디에 천 냥 빚을 갚는다."라는 옛 속담이 있다. 말만 잘하면 있던 빚도 사라진다는 속담이다. 천 냥은 현재 가치로 환산하면 대략 5,000만 원~7,000만 원 정도로, 천 냥이란 상당한 큰 금액이었다고 한다.

옛날 박씨 성을 가진 백정이 있었다. 하루는 한 양반이 백정을 찾아와 이렇게 말했다. "네 이놈, 상길아. 여기 고기 한 근만 가져오너라." 백정은 고기 한 근을 썰어다 내어주었다. 잠시 후 다른 양반이 찾아와 말하였다. "여보게 박 서방, 여기 고기 한 근 갖다 주게." 백정은 고기를 먼젓번 양반의 것보다 큼직하게 썰어 그 양반에게 내어주었다. 그것을 보고 첫 번째 양반은 벌컥 화를 냈다. "예끼, 이 못난 놈아! 어찌하여 저 양반 것은 크고 내 것은 이렇게도 작단 말이더냐!!" 그러자 백정은 웃으면서 대답을 했다. "대감께서 사 가신 고기는 상길이가 드린 것이고, 저 양반이 사 가신 고기는 박 서방이 드린 것이옵니다. 어찌 같을 수가 있겠습니까?" 양반은 얼굴이 빨개져 아무 말도 하지 못하였다.

이 이야기에서만 봐도 긍정적인 말로 주문을 하면 주인의 마음을 움직이게 해서 고기를 덤으로 더 받는 마법 같은 일이 생기는 것이다. 말을 할 때도 상대방의 기분과 입장을 조금이라도 생각해서 말을 한다면 분명히 좋은 일이 일어날 것이다. 긍정적인 말을 하면 긍정의 에너지가 샘솟고, 부정적인 말을 하면 부정적인 기분이 되는 것이다. 태어나면서 우리의 수명도 정해져 있다고 하는데 긍정적인 말만 해도 시간이 많지 않은 건 확실하다.

하루의 생활을 다음과 같이 시작하라.

"눈을 떴을 때, 오늘 단 한 사람에게라도 좋으니 그가 기뻐할 만한 무슨 일을 할 수 없을까 생각하라."

– 니체

매일 아침 루틴으로 감사기도, 감사일기, 버터플라이 허그, 따뜻한 물 한잔, 명상으로 시작한 지가 3일 정도 된 것 같다. 그런데, 여기에 하나 더 걷기를 추가시켰다. 매일 걷는 것이 아니고 2일에 한 번씩 만 보를 걷기로 했다. 온갖 쓸데없는 생각으로 걷는 게 아니고 무념무상으로 걷기에만 집중할 것이다. 나의 지나온 삶들을 뒤돌아보면 앞으로 나의 삶이 분명하게 보이기 시작할 것이기 때문이다. 그전에는 하다가 말다가 제대로 하지 못했는데 책을 쓰면서 루틴을 정하고 내 입으로 하겠다고 약속을 했으니 목숨 걸고 해야 한다는 사명감이 생겼다. '안 보이니까 안 해도 되겠지?'라는 그런 허튼 생각은 허공으로 날려버릴 것이다.

법상 스님의 '감사와 사랑의 호흡관'이라는 글에서 "말이란 꼭 그 뜻을 담지 않아도 말 자체로 기운이 들어가 있다."라고 했다. 말과 행동과 생각이 마찬가지인데, 그냥 별생각 없이 지껄이는 말에도 에너지가 들어가 있다고 한다. 하루에 감사와 사랑을 말하는 그것만으로도 우리의 인생은 경이롭게 바뀐다고 한다. 긍정적인 마음가짐으로 깨어 있으면 그걸 지켜보는 우리의 내면이 느낀다고 한다. 감사와 사랑으로 생활하면 생각지도 못했던 경이로운 일들이 펼쳐지니 감사를 생활화하고 사랑하고 볼 일이다. '된다, 된다, 나는 된다.' 이 긍정의 주문은 나를 책 쓰기와 유튜브를 할 수 있게 했다. 나는 목소리가 좋다는 소리를 가끔 들었다. 어느 날 녹음된 목소리를 우리 아이들에게 들려주었더니 평상시에 듣는 목소리보다 더 듣기 좋다고 했다. 목소리로 할 수 있는 게 무엇이 있을까 하고 생각하고 있었다. 김창옥의 『목소리가 인생을 바꾼다』라는 책이 눈에 띄었다. 이 책을 보니 목소리로 내 인생을 바꾸고 싶다는 생각이 들었다. 그런데 우연히 유튜브를 보다가 책을 소개하는 북튜버를 보게 되었다. 북튜버의 아마추어 같은 책 읽는 소리에 나도 북튜버를 꿈꿀 수 있을 것 같다는 알 수 없는 자신감이 생겼다. 유튜브를 통해 많은 사람에게 내가 꿈이 될 수 있을 것 같았다. 나는 된다는 긍정의 주문을 자주 걸 것이다. 인간은 모방을 통해 배우고 창의성을 획득해간다고 한다. 그 기회를 내가 만들고 싶었다. 내 목소리로 사람들에게 꿈을 들려줄 수도 있고 내가 지금까지 살아온 삶에 의미와 보람을 안겨줄 수도 있을 것 같았다. 건강하고 긍정적인 목소리로 지혜를 공유하고 싶었다. 나의 경험을 들려주는 평생 성장하는 사람이 되고 싶었기 때문이다.

책을 쓰는 동안은 나에게 계속 긍정의 주문을 걸어야만 했다. 누군가 내가 쓴 책을 보면서 내 경험이 도움이 되었으면 하는 바람으로 써나갔다. 두려움과 슬픔에서, 행복하고 새로운 인생으로 펼쳐졌으면 하는 마음을 담았다. 책 쓰는 동안 무척 행복한 시간이었다. 내 꿈이 소중하다면 타인의 꿈 또한 마땅히 소중하다. 나로 인해 누군가가 나처럼 꿈을 이루기를 원한다면 도움이 되고 싶었다. 김태광의 저서 어른들을 위한 동화 『인기 스타가 된 베짱이 이야기에』 에서 노래하는 베짱이는 개미들에게는 눈엣가시 같은 존재로 나온다. 개미들은 베짱이를 비난했다. 베짱이는 '포기만 하지 않는다면 반드시 꿈이 이루어진다.'라는 믿음을 가지고 노래를 부르고 있었기 때문이다. 베짱이는 꿈이 있는, 아주 커다란 꿈을 가지고 있었다. 베짱이는 결국, 인기 스타가 되어 꿈을 이루었다는 이야기다.

베짱이는 자신의 꿈을 이루기 위해 긍정의 주문을 매일 걸었을 것이다. 포기할 수 없는 꿈, 엄청난 노력 이 두 가지가 인기 스타가 된 베짱이의 긍정 주문이었다. 베짱이처럼 새롭고 강한 나의 꿈을 만드는 긍정의 주문을 걸어보려 한다. "된다, 된다, 나는 된다.", ".나는 할 수 있어.", "생각대로 이루어진다.", "멋져!" "대단해!", "신난다.", "나에게 맡겨주세요.", "까짓것, 한번 해보자.", "행복해", "축복해", "감사해", "오늘 하루도 수고했어."

04

## 내 삶을 바꾼 긍정 습관

"습관이란 인간으로 하여금 그 어떤 일도 할 수 있게 만들어준다."

– 도스토예프스키

지금껏 나는 나만의 아침 습관을 실천하는 게 없었다. 아침 습관을 지킬 수 없을 것 같아 아예 시작도 하지 않았다. 아침에 잘 일어나지도 못했다. 그런데 책을 쓰면서 나를 돌아보는 계기가 생겼다. 성공자들에 관한 이야기를 보면서 나도 미치게 성공하고 싶다는 걸 알았다. 성공자의 모습으로 가는 긍정 습관을 만들어보기로 했다. 아침에 일어나면 감사기도와 명상, 감사일기 쓰기, 버터플라이 허그, 따뜻한 물 마시기, 걷기를 습관으로 정했다. 성공한 사람들은 일찍 일어나 남들보다 하루를 빨리 시작하는 아침 습관을 갖고 있었다. 쓰카모토 료의 저서 『모닝루틴』에서는 방송인 오프라 윈프리는 아침에 일어날 때 알람을 사용하지 않는다고 한다. 함께 자는 개가 밖으로 나가고 싶어 하는 시간에 일어난다고 한다. 아무리 늦어도 오전 6시 20분까지는 기상한다고 한다. 양치질하고 카푸치노를 만들어 집 안에 있는 체육관으로 가서 런닝 머신과 윗몸일으키기 등을 포함해 50분간 아침 운동을 한다고 한다. 그 후 남아 있는 시간에 따라 10~20분 명상을 하고 오전 8시 30분, 곡물 토스트에 반숙 달걀을 곁들여 아침으로 식사하고 하루 일정 시작에 들어간다고 했다. 성공자들의 모습은 평범한 나의 모습과는 다른 것 같다. 그들의 시간은 금이었다. 우리의 시간도 금처럼 사용되어야만 한다. 그리고 매일 아침 정해진 시간에 일어나 아침을 바꾸고 우리의 삶을 준비하는 습관을 실천하는 것에 행복해야 할 것이다. 풍요로운 아침에 살아 있다는 사실에 감사할 것이고 건강하다는 사실에 기뻐할 것이다.

몇 년 전에 학원을 운영했던 친구가 있다. 친구의 제일 큰 걱정은 원생이 학원을 그만둔다는 소리였다. 원생이 많이 있어야 선생님 월급도 주고 임대료도 낼 수 있기 때문이다. 친구는 원생이 한 명이라도 빠지면 선생님 월급과 임대료를 못 맞출까 노심초사했다. 그런데 친구의 남편은 전혀 그런 걱정을 하지 않았다고 한다. 친구 남편은 긍정적인 성격의 사람이었다. 한 명이 빠지면 한 명이 들어온다고 친구에게 걱정하지 말고 있으라는 것이었다. 친구는 그런 남편이 못 미더웠지만 정말 남편의 말이 사실이란 걸 알게 되었다. 다음 날 한 명이 바로 등록을 했다는 것이다. 친구는 남편에게 물었다. "어떻게 그런 생각을 했어?" 남편은 친구에게 "세상에는 법칙이 있어서 긍정적인 생각을 하면 자연스럽게 맞추어진다."라는 말을 했다는 것이다. 웃고 싶지 않아도 웃으면 좋은 일이 생긴다고 하는 것처럼 친구는 그 뒤로 원생이 나가도 걱정하지 않는 척을 했다 한다. 부정적인 생각이 들면 긍정적으로 생각을 바꾸는 습관을 들이는 노력을 했다 한다. 그 뒤로도 그 법칙은 이루어졌다고 한다.

슈퍼리치들의 아침에 관한 너무 흥미로운 기사가 있다. "슈퍼리치들의 아침에 있는 2가지와 없는 1가지" 〈머니투데이〉 (2020.03.21.) 기사이다. 성공한 사람들의 평상시 생활 습관을 찾아본 것이다. "슈퍼리치들은 8시간 정도의 충분한 잠을 잔다고 한다. 그리고 그들은 출근하기 전에 커피를 마신다고 한다. 그런데 그들은 알람을 사용하지 않고 일어난다고 한다." 오프라 윈프리는 함께 잠이 드는 개가 일어날 때 같이 일어난다고 했다. 오전 8시에 출근하는 주식 투자의 대가 워런 버핏 역시 알람 없이 일어난다고 한다. 슈퍼리치들이 가지고 있는 공통적인 아침 습관 두 가지는 충분한 잠과 커피, 없는 한 가지는 알람이다. 그리고 이들 세 가지가 의미하는 것은 여유라고 할 수 있다고 했다. 우리 강아지들은 아침 6시면 나를 깨우곤 한다. 그런데 나는 다시 눈을 감고 잔다. 이제는 우리 강아지들이 알람을 대신해 깨우면 벌떡 일어날 것이다. 아침 습관을 실행하는 데 정말 우리 강아지들에게 감사할 것이다. 성공자들의 아침은 커피 한잔으로 시작된다고 했다. 아침에 커피를 마시며 잠들어 있던 내 몸의 세포들을 깨울 것이다. 하루를 시작하기 전, 오늘 할 일을 생각하면서 커피를 마실 것이다. 성공자들의 습관을 배워 여유롭게 아침을 시작할 것이다. 나는 성공자의 모습으로 점점 변화되어 갈 것이기 때문이다.

"감사일기를 만들어 매일 밤 고마운 것들, 다섯 가지를 적어라. 새로운 희망으로 나아가게 될 것이다."

– 오프라 윈프리

성공한 사람들, 부자들은 감사에 대한 중요성을 굉장히 많이 얘기하고 있다. 우리는 하루에 얼마나 감사하다고 말을 하는가? 감사라는 것이 숫자가 정해진 것은 없다. 숫자로 굳이 말하면 매일 100번 이상을 하는 게 좋다고 한다고 한다. '감사합니다'를 1000번 하는데 40분 정도 걸렸던 것 같다. 감사의 기도로 실패한 삶에서 성공한 사람이 있다. 오늘 날씨가 좋은 것도 감사, 맛있는 음식을 먹는 것도 감사, 사랑하는 사람이 내 옆에 있음에 감사로 당연한 것은 없다. 모든 게 감사한 일들만 있을 따름이다. 당연하다고 생각되는 이 모든 일에 감사하는 마음을 가지면 그때 우리는 행복에 가장 가까워질 것이다.오프라 윈프리는 감사일기로 유명한 사람이다. 하루에 자기 전에 아니면 아침에 일어난 뒤에 그녀는 감사일기를 하루도 빼먹지 않았다고 한다. 매일 다섯 가지를 쓰면서 오늘날 성공자의 길로 올라섰다고 한다. 나는 감사일기를 2년 정도 쓰다가 멈추었다. '이거 써서 뭐해?', '내가 변한 건 하나도 없어.', '나는 왜 불행하지?'라는 생각이 들었다. 내 삶이 바뀌는 게 없다고 생각했기 때문이다. 바보 같은 생각이었다. 나의 불행한 생각들은 나를 더 불행하게 만들었다. 감사일기를 쓸 때가 더 좋았던 것 같았다. 기분 나쁜 일도, 기분 나쁘지 않은 감사한 마음으로 바꾸어주는 놀라운 긍정 습관이 될 수 있게 만들었기 때문이었다. 감사일기 적어놓은 것 중 한 가지가 눈에 띄었다. "오늘도 눈 떠서 커피 마실 수 있음에 감사합니다."라는 글이 눈에 들어왔다. '아! 이때 내가 참 여유로운 아침을 맞이했구나.'라고 느낄 수 있었다. 지금까지 썼더라면 내 삶이 얼마나 변했을지 궁금하다. 감사일기는 감사함을 긍정적인 습관으로 단단하게 만들어주는 역할을 하는 것 같아서 감사하다.

TV 프로그램 〈미운우리새끼〉에서 힙합 가수 도끼가 나온 것을 보았다. 부산에서 큰 레스토랑을 운영했던 도끼 부모님이 광우병 사태에 레스토랑이 망하게 되었다고 한다. 도끼는 '이제 내가 돈 벌 때가 왔구나.' 라고 생각을 했다고 한다. 그 당시의 도끼의 나이는 열두 살이었다. "내가 뭘 할 수 있을까?" 하다가 음악을 하게 되었다고 한다. 돈 벌려고 서울 올라왔는데 컨테이너박스에서 생활을 했다고 한다. 음악을 한다고 바로 돈이 벌리는 게 아니니 컨테이너박스에서의 생활은 힘들었지만, 그 상황을 그냥 자연스럽게 받아들이고 해나갔다고 한다. 내가 돈이 가진 게 없다 해서 힘들다고 생각하지 않고 '어차피 나는 잘될 거니까'라는 믿음을 가지고 힘든 시간을 담담하게 보냈다고 한다. 도끼는 제일 중요한 것은 자신에 대한 긍정적인 믿음이라고 했다. 아무리 힘들어도 '어차피 나는 잘될 거니까'라는 생각만 했다고 한다. 도끼의 슈퍼 차 가격은 6억~7억이라고 했다. '어차피 나는 잘될 거니까'라는 긍정적인 믿음으로 도끼라는 가수는 백만장자가 되었고 유명한 힙합 가수가 되었다. 가수 도끼의 삶을 바꾸어 놓은 말 한마디, '어차피 나는 잘될 거니까'는 절대적 긍정이었다. 가수 도끼는 자신이 잘될 거라는 사실을 이미 알고 있었다. 보통 우리는 불안해서 계속 우리 자신에게 되묻는다. 조금 해놓고 '될까? 될까? 진짜 될까?'라고. 그러다가 세월 다 보낸다. 내 삶을 바꾸려면 긍정적인 습관을 채우기 위한 피나는 노력을 해야 한다. 이제는 알았다. 결국, 우리의 삶은 목적지에 도달할 것이다. 그러려면 우리 삶을 긍정적인 습관으로 채워 넣어야 한다는 것을 한시도 생각하지 않으면 안 될 것이다.

05

# 걱정은 단순하게 하라

걱정은 단순하게 하라. 걱정을 단순하게 하는 사람을 보면 정말 부럽다. 나는 걱정이 시작되면 책 한 권 쓴다. 걱정을 단순하게 하고 싶은데 마음같이 잘되지 않는다. 나는 생각이 너무 많아서 단순하게 살기가 힘들다. 단순하게 사는 것이 지름길인 걸 알고는 있다.

법정 스님의 『오두막 편지』 중에서 "내 소망은 단순하게 사는 일이다. 그리고 평범하게 사는 일이다. 느낌과 의지대로 자연스럽게 살고 싶다. 그 누구도, 내 삶을 대신해서 살아줄 수 없기에. 나는 나답게 살고 싶다." 라고 하셨다. 법정 스님 말씀처럼 단순하고 내 의지대로 자연스럽게, 나답게 살아가는 것도 내 소망이다. 내 삶이 복잡하니 걱정도 많았다. 단순하게 살려고 하면 산속에 사는 것도 아니고 자연인도 아닌데 그럴 수 없다고 할 것이다. 걱정을 가장 단순하게 하면서 살 수 있는 명쾌한 방법은 뭘까? 온갖 삼라만상 걱정을 버리고 지금 여기에 집중해보면 어떨까?

치킨 가게를 하면서 소심한 성격이 더 소심해졌다. 오만 가지 걱정에 걱정을 거듭해서 혼자서 온갖 생각을 하게 되었다. 걱정을 내려놓지 못하고 소설 한 권을 쓴다. 하루에 닭이 몇 마리 나갈지 걱정되기도 하고 주문이 하나도 안 들어오면 어떡하지 하는 걱정도 되었다. 장사가 잘될지 안 될지는 장사해보면 아는데 미리 지레짐작으로 장사를 한다. "걱정하면 얼굴이 늙고 머리가 백발이 된다."라는 독일 속담처럼 내가 겪어보니 그 말이 딱 맞다. 내 얼굴에 팔자 주름은 깊어지고 흰머리가 귓가에 더 보였다. "장사가 안 되면 어떡하지?"라고 했더니 아들이 "오늘 못 팔면 내일 팔면 되지 뭐?"라는 단순한 대답에 걱정이 한순간에 해결되었다. 미리부터 걱정하고 있는 우리에게 걱정하는 것들이 그대로 짐이 되고, 일이 된다고 했다. 이처럼 생각의 틀에 갇히면 우리 삶은 더없이 무겁고 버거워지고 현실에 집착되어 걱정을 벗어나지 못하게 될 것이기 때문인 걸 알았나 보다.

걱정을 단순하게 하는 사람에 관한 옛이야기가 있다. 옛날에 가뭄이 계속되어 농사가 말이 아니었다. 관가에 드나드는 점쟁이 말이 앞으로 9년 동안 흉년이 계속된다고 하여 민심이 술렁술렁하고 모두들 걱정이 태산 같은 판국이었다. 그런데, 9년간이나 흉년이 들어도 걱정 없다는 백성이 꼭 한 사람 있었다고 한다. 그런 이야기를 전해 들은 원님이 하루는 그를 불러들여 걱정 없다는 근거를 밝히려고 하였다. "이놈, 너는 9년 흉년 들어도 걱정 없다는 말이 사실이냐?" "네, 이 백성은 그렇게 믿고 있사옵니다." "그럼 네 놈이 걱정을 안 하게 된 까닭이 무언가 있을 게 아니냐? 그 비결을 말해보아라!" "네, 비결이 있습니다. 9년 흉년이 들면 저는 첫해 흉년에 굶어 죽고 말 것이니, 나머지 8년 동안의 흉년에 대하여는 근심할 까닭이 없사옵니다."라고 했다. 원님이야 물론 어안이 벙벙했을 일이지만, 명답 중에도 명답 같다. 사실 첫해 흉년에 굶어 죽을 각오만 되어 있으면 우리는 걱정 없이 이생을 살고 갈 수도 있는 일이 될 것이다. 인생사 새옹지마라고 했다. 인생은 미리 헤아릴 수가 없으니까. 좋은 일도 생기고 불행한 일도 생기니 인생은 항상 바뀐다는 걸 알게 되었다. 앞으로 일어날 일도 미리 걱정하지 말고 단순하게 생각하자.

지금은 걱정이 없고 초긍정인 나도 예전엔 결벽증과 걱정이 많은 성격이었다. 먼지 하나라도 떨어져 있으면 얼른 걸레 들고 와서 닦았다. 이불도 각을 맞추어 개야만 만족이 되었고 걸레도 뽀얗게 삶아야만 개운했다. 그릇도 밖에 나와 있으면 잘 정돈되어 있지 않은 것 같아서 싱크대 안으로 다 넣어두었다. 빨래를 널 때도 양말은 짝을 맞추어 널어야 했다. 걱정은 또 왜 그렇게 많이 했는지. 아이가 아플까 걱정, 놀다가 다칠까 걱정, 글자를 못 읽을까 걱정, 오지도 않는 걱정을 미리 당겨오고 가져와서 하는 성격이었다. "걱정해서 걱정이 없어지면 걱정이 없겠네."라는 티베트 속담처럼 해결되는 것 같으면 걱정할 일이 없겠는데 걱정은 또 다른 걱정을 가져왔다.

난 어느 날부터 양말을 멋대로 걸기도 하고 이불도 대충 개었다. 옷도 제대로 안 걸고 바닥에 놓기도 하곤 했다. 아이가 책을 펼쳐두어도 신경을 쓰지 않았다. 아무런 일도 일어나지 않았기 때문이다. 마음의 부담이 없어졌다. '치워야지, 정리해야지.'라는 복잡한 강박관념들이 단순하게 변했다. 단순하게 살아가니 삶의 여유가 생기고 먼지가 폴폴 날리는 걸 봐도 '음, 먼지가 날리네.'라며 속으로만 생각했다. 걱정 없이, 단순하게 군더더기 없는 나날을 보내고 있으니 삶이 편안해졌다. 전혀 아픈 데가 없는데도 스스로 환자라고 단정, 병원을 전전하는 '건강 염려증 환자'가 급증하고 있다. 순천향병원 신경정신과의 경우 하루 평균 내원 환자 60여 명 중 20%에 해당하는 12명 정도가 건강 염려증 환자라고 의사들은 밝히고 있다. "우리나라의 경우, 80년대부터 이런 환자가 나타나기 시작해 매년 10% 정도씩 증가하는 추세를 보여주고 있다."라는 보고도 있다. 사람들은 생각 하나를 가지고 천국과 지옥으로 왔다 갔다 한다. 스스로 만들어낸 생각의 병에 갇혀 아프지도 않은 사람이 병원에 간다. 의심병이 커져 의사의 말도 믿지 못하고 원인을 알아내기 위해 전국 병원을 순회한다. 그들은 아무 병도 없다. 나도 가끔 두통이 오면 '뇌에 무슨 이상이 있는 건 아닐까?'라는 생각을 하지만 잠시 그때뿐이다. 걱정과 불안을 너무 깊이 생각하지 않았으면 좋겠다. 그냥 걱정도 단순하게 넘겼으면 좋겠다. 그리고 하루를 바쁘게 살면 좋겠다. 불안의 감옥에 갇혀 움직이지도 못하고 자신만의 늪 속으로 빠져들어가는 건 너무 위험하기 때문이다. 오로지 현재 지금 여기에서 걱정 없이 단순하게 살아갔으면 좋겠다.

어떤 의과 대학생에 관한 이야기다. 그는 시험 날만 앞두면 며칠 전부터 걱정하고 두려워했다. 그것은 자신의 잠재의식에 자신이 실패할 것이라는 믿음을 심은 것이나 마찬가지이다. 머피 박사는 그에게, 잠재의식은 기억의 창고라서 책을 읽거나 강의 내용을 전부 기록하고 있다는 것, 잠재의식은 그 사람의 믿음에 반응하고 응답한다는 것을 가르쳐주었다. 그리고 잠재의식과 좋은 관계를 유지하기 위해서는 느긋하고 편안한 기분으로 자신감을 가지는 것이 좋다고 이해시켰다. 많은 사람이 시험 때면 일시적 기억상실증에 걸린다. 사람들은 항상 시험이 끝나면 기억나는데 시험 중에는 도무지 답이 "기억나지 않아."라고 말한다. 나도 그런 때가 많았다. 시험 때면 공부했던 게 기억나지 않아 내 머리를 책상에 박은 적이 있었다. 사람들 앞에 나가서 할 이야기를 준비했는데도 불구하고 머릿속이 텅 빈 적도 있었다. 나 자신을 스스로 믿지 못하고 내 생각조차도 걱정과 불안에 사로잡혀 있었다. 그러니 무얼 할 수 있었겠는가. 우리는 나 자신을 믿고 행동해야 한다. 나도 지금이라면 떨지 않고 잘할 자신이 이제 생겼다. 다만 바뀐 것은, 자신에 대한 믿음이 나를 사로잡고 있기 때문이다. 점점 시간이 흐를수록 모든 게 해결이 된다는 것을 알게 되었다.이렇게 책을 쓰면서 나를 돌아보니 나는 불안과 걱정으로 완벽하게 만들어진 사람이었다는 걸 알게 되었다. 그래서 제대로 된 사람이 될 수가 없었구나 하는 것도 알게 되었다. 이렇게 계속 살다가 내가 원하는 삶, 내가 꿈꾸었던 미래가 될 수 없다는 걸 알게 되었다. 내 안에 걱정과 불안에 관련된 마음을 버리기로 하니 모든 걱정이 단순하게 바라보아졌다. '무슨 일이 생겨도 해결할 수 있는 해답은 다 내 마음속에 있어.'라는 생각이 들었다. 마음먹은 대로 행동하는 힘이 생겨났다. 모든 일상을 평안한 긍정의 마음을 가지고 바라다보는 여유도 생겼다. 늘 불안과 걱정스러운 마음을 가지고 있으면 세상이 무섭고 두려워서 하고 싶은 것도 할 수 있는 여유가 없어진다. 내 탓을 세상 탓과 남 탓만 하면서 아무것도 해놓은 것 없는 삶을 살 수 있기 때문이다. 코로나 때문에 우리는 엄청난 불안 속에 살아가고 있다. 그러나 불안하고 걱정스러우나 우리 곁에 코로나가 와 있을 뿐이라고 걱정도 단순하게 생각하며 살아갔으면 좋겠다. 이제는 백신이 나와 접종도 하고 있으니 걱정도 단순하게, 생각도 단순하게 하고 살아가면 좋겠다. 우리의 삶은 밤하늘의 별처럼 언제나 빛나고 있다.

06

# 어떤 순간에라도 긍정을 찾는 비결

"아주 쉽게, 어떤 어려움도 없이 내면의 해답을 얻게 된다."

– 루이스 L. 헤이

장애인 희망의 전도사 닉 부이치치는 "팔다리가 없어도 저는 행복합니다. 당신은요?"라고 물었다. 희귀유전질환인 해표지증으로 팔다리 없이 태어난 '닉 부이치치' 그는 유년 시절 자신의 모습에서 희망 대신 절망을 먼저 배우며 힘든 시절을 겪어야 했다고 한다. 하지만 스스로 이겨내도록 힘이 되어준 가족 덕분에 더 어려운 일에 도전하기 시작했다. 낚시, 수영, 골프에 이어 왼쪽 발의 두 발가락으로 글씨 타자까지 섭렵하게 된다. 장애를 극복하고 남들 앞에 우뚝 선 닉 부이치치는 묻는다. "여러분은 넘어지면 어떻게 하시나요?" "계속 시도하고 절대, 절대 포기하지 마세요." 그는 답합니다. "다시 일어나야죠" "저는 쉽게 포기하지 않았습니다." 웃음을 되찾은 닉 부이치치는 현재 희망 전도사이자, 두 아이의 아버지이기도 하다. "팔다리가 없어도 저는 행복합니다. 당신은요?"라는 물음에서 어려운 순간이 있었는데도 불구하고 이겨낸 닉 부이치치의 강렬한 마음을 느꼈다. 절망과 고통을 희망과 기쁨으로 긍정적인 모습으로 승화시킨 그를 보며 팔다리가 멀쩡한 나를 돌아봤다. 자기 자신을 사랑하며 세상을 비난하지 않고, 투덜거리지 않고 변화하는 삶을 살아가는 계기가 되었다.

자전거대회 '뚜르 드 프랑스'로 가야겠다는 꿈을 항상 꿨다는 이윤혁 군. 영화 〈뚜르: 내 생애 최고의 49일〉이야기의 주인공은 26살의 이윤혁 군이다. 전 세계 200여 명뿐이라고 보고된, '결체 조작 작은 원형 세포 암'이라는 생존율이 극히 낮은 희귀암에 걸린 청년이다. 뚜르는 스물여섯 살 청년이 인생 최대의 좌절을 생애 최고의 시간으로 바꾼 도전과 용기를 통해 삶의 진정한 가치를 되돌아보게 하는 영화다. 더불어 모두가 불가능하다고 했지만, 말기 암 환자가 자전거대회 '뚜르 드 프랑스' 3,500km 완주를 기어코 이루어냈다는 놀라운 사실을 보여주는 영화이다. 이윤혁 군은 3개월 남은 삶을 자전거 완주를 함으로써 암으로부터 살아나는 희망을 걸었던 것 같다. 자전거를 타고 가면서 '암세포가 몸 밖으로 다 빠져나갔으면 좋겠다.'라고 할 때 힘든 순간에도 웃으며 말하는 모습을 보면 '나는 살고 싶다.'라고 외치는 것 같았다. 이윤혁 군이 말기 암 환자인데도 불구하고 끝까지 자전거로 완주하는 모습은 우리에게 어떤 순간이 와도 희망을 잃지 말라는 메시지를 전달해주는 것 같았다. 안간힘을 다해 다시 일어나려는 모습은 우리에게 기적이 있다는 사실을 알려주었기 때문이다. 어떤 순간이 오더라도 포기하지 말고, 할 수 있다는 꿈을 꿀 수 있다는 것을 보여주었기 때문이다. 시한부 인생이었지만 삶의 희망을 전해주고 간 이윤혁 군의 메시지는 우리에게 진한 여운을 남겼다. 어떠한 순간이 와도 긍정적이고 감사하고 희망을 품고 꿈을 꾸라는 것이었다. 마지막으로 그가 한 말을 들려주고 싶다. "암에 걸리게 된 나도 행복한데, 당신들이 행복하지 않을 이유는 없다."라고.

"행복한 사람일수록 건강하고 장수한다."라는 말이 있다. 걱정이 많고 불안한 사람들은 오래 살기가 어렵다. 켄터키 대학의 데이비드 스노우던(David A. Snowdon) 박사 팀은 '긍정적 생각'과 '수명' 간의 상관관계를 밝히고자 했다. 이 실험은 미국 밀워키와 볼티모어에 있는 180명의 카톨릭 수녀를 대상으로 실시되었다. 180명의 수녀가 종신 서약을 맺는 날, 당시의 감정 상태를 표현한 일기를 썼다. 수녀들이 종신 서약을 맺을 때의 평균 나이는 스물두 살이었다. 이렇게 분류한 문장들을 바탕으로 긍정적 상태를 기록한 문장이 적은 수녀들로부터 시작해서 기록한 문장이 많은 수녀까지 순서를 매긴 후 이들을 4등분 해서 네 집단으로 분류

했다. 즉, 〈집단 4〉는 긍정적 기록이 많은 수녀 집단이고, 〈집단 1〉은 긍정적 기록이 적은 수녀 집단이다. 결과는 흥미롭게도 활기찬 긍정적 기록이 많은 수녀 〈집단 4〉가 무미건조한 수녀 〈집단 1〉에 비해 오래 살 확률이 훨씬 높았다는 것이다. 90세를 기준으로 젊었을 때의 긍정적 마음가짐이 얼마나 오래 살지를 결정했다. 결과를 보면 긍정적으로 생각하면 오래 산다는 것이다. 불행한 순간이 있더라도 이를 긍정적으로 받아들일 수 있는 마음만 있으면 행복해진다는 것이다. 행복하다고 느낄 수 있는 마음가짐과 자신감이다. 그래서 어떤 일이 있어도 사람이 행복한 이유는 행복하다고 생각하기 때문에 행복하다는 것이다.

"어떤 순간에도 '안 된다(No)'라고 하지 말고 '된다(Go)'라고 생각하라."

– 마이클 에인 존스

키 131㎝에 아이와 같은 작은 체구, 짧은 팔과 다리는 우리가 흔히 말하는 '난쟁이'의 모습이다. 신체가 비정상적으로 짧은 저신장 장애(왜소증)이다. 그러나 그에겐 단순히 외모로는 가늠할 수 없는 생각의 깊이와 장애를 극복한 불굴의 의지, 도전적 삶의 궤적이 있었다. 마이클 에인 존스는 미국 존스홉킨스대 의대 소아정형외과 교수다. 에인 교수는 자신의 장애를 극복하고 세계 최고의 의대를 보유한 존스홉킨스대학에서 저신장 장애(왜소증) 전문 의사로 활동하고 있다. 외모에 대한 편견이 심한 것은 미국도 한국에 못지않다. 에인 교수 역시 '왜 그렇게 작으냐', '네가 뭘 할 수 있겠어'라는 질문과 늘 싸워야 했다고 한다. 하지만 그는 적극적이고 긍정적인 자세로 편견을 이겨냈다고 한다. (참고 : "131㎝의 작은 거인, No 말고 Go 하라", 〈매일경제뉴스〉, 2014.11.27.)

에인 교수의 말을 기억해야 한다. 장애가 있다고 해서 못할 것은 없다. 외모가 왜소하다고 해서 내면이 왜소한 건 아니다. 정상인이지만 마음은 왜소증을 앓고 있는 것과 같이 자신감도 없고 불안하고 자기 자신을 합리화시키지 못하는 사람도 있다. 우리는 뭐든지 도전을 해보지도 않고 포기를 하곤 한다. 코끼리 사육하는 곳에 가보면 코끼리가 작은 말뚝에 묶여 있는 것을 보게 된다. 코끼리는 힘이 굉장히 세다. 힘 한번 주면 그까짓 말뚝쯤이야 쉽게 뽑을 수 있다. 그런데 어려서부터 사육사에게서 "너는 이 말뚝에 묶여서 여기를 못 벗어나."라는 말을 듣고 살다 보니까 빠져나갈 시도를 안 한다고 한다. 그러나 우리도 말뚝에 묶여 있는 코끼리처럼 익숙해져서 어려운 상황이 와도 '할 수 없다'라고 생각했을 것이다.

요즘 '가스라이팅'이라는 말이 있다. 상대방이 나에게 "넌 할 수 없어.", "넌 부정적인 사람이야.", "네가 뭘 할 수 있겠어?"라고 말을 하며 계속 기를 죽여 불안하게 만든다면 이건 '가스라이팅'이라는 거다. 이렇게 가스라이팅을 당하는 사람의 경우에는 자존감이 낮고, 굉장히 불안한 상태의 사람이 많다고들 한다. 가스라이팅을 당하는 것처럼 부정적인 생각을 많이 하는 사람도 자존감이 떨어지고 불안한 심리 상태를 소유한 경우가 많다고 한다. 부정적인 생각을 하지 않으려면 어떤 순간에라도 우리 자신을 사랑하고 우리 자신에게 긍정적이어야 한다. 우리가 가장 잘 알고 있다는 생각을 하고, 행동할 때 누군가의 의견이 아닌 우리 자신이 결정하고, 행할 수 있도록 노력을 해야만 할 것이다.어려운 일이 생겨도 '할 수 있다'라고 하는 사람이 긍정적인 사람이다. 자꾸만 해보고 안 되면 '할 수 없다'라는 말보다 맨땅에 그냥 헤딩이라도 하는 사람이 우리에겐 더 필요하다. 밤낮 안 된다고 하는 사람은 일을 시작하기도 전에 지레 겁먹고 아예 도망가버린다. 해보기라도 하면 이해라도 할 텐데 도전할 생각도 하지 않고 포기하니 안타깝다. 그런 사람은 힘든 순간이 온다면 일을 해결하기가 어렵고 기쁨을 누리기가 힘들 것이다. 무엇이든지 도전해서 성취를 해보았다면 그 행복함을 알 수 있을 것이다. 일단은 포기 말고 우리 자신의 한계도 두지 말기로 하자. 우리는 할 수 있기 때문이다. 어떤 순간에라도 우리가 원하고 이루고자 한다면 우리가 해내지 못할 일은 없을 것이다. 어떤 순간에라도 긍정을 찾는 비결은 마음의 경계심을 풀고 항상 우리 자신을 사랑하고 아끼는 길만이 비결이 될 것이다.

07

## 지금 당장 긍정으로 살기로 결심하라

"처음에는 우리가 습관을 만들지만, 그다음에는 습관이 우리를 만듭니다."

– 존 드라이든

나는 애터미 사업을 하고 있다. "애터미 사업이 뭐야?"라는 사람도 있겠지만 지금은 많이 알려져서 웬만한 사람들은 사업도 하고 제품을 쓰기도 하고 먹기도 하는 등 일반적으로 알려져 있다. 사업이라고 해서 돈을 많이 버는 건 아니지만 행복하게 하고 있다는 걸 말하고 싶다. 다단계는 부정적인 인식이 강했고 피해 사례가 많았기에 처음엔 거부했다. 그러나 사람들이 알아보고 써보고 좋다고 하는 것에 부정적인 시선으로 바라보는 내가 너무 안타까웠다. '왜 남들의 시선에 내가 부정적이어야 하는 거지?'라고 생각하며 나 스스로 찾아보고 알아보았다. 부정적인 사례는 거의 없고 '값이 싸면서 좋다'라는 결론이 나왔다. 애터미 하기 전엔 고민도 많이 하고 걱정도 많이 했다. 사실 애터미라는 제품을 써본 적이 없었기 때문이다. 제품을 쓰게 되니 좋았고 즐겁게 할 수 있는 일이기도 했다. 우리의 마음가짐이 부정적이면 고민과 걱정만 쌓이게 된다. 긍정적인 새로운 시선으로 세상을 바라봤더니 어느새 마음가짐은 긍정적으로 변하고 있었다. 긍정의 비결은 사물을 바라보는 방식에 있다. 같은 장미꽃을 바라볼 때 어떤 이는 '왜 이렇게 아름다운 장미에 가시가 돋아 있을까?'라고 불만스럽게 생각할 수 있고, 다른 한쪽에서는 '쓸모없는 가시에 이렇게 아름다운 꽃이 달려 있네.'라며 감탄할 수도 있다.

시각의 차이다. 사막에서 물통에 물이 반밖에 남지 않았다. 한 사람은 '물이 반이나 남았네.'라고 하고, 또 한 사람은 '겨우 반밖에 안 남았네.'라고 한다. 사물에 시각을 어디에 두느냐에 달린 것 같다. 물이 반 잔이나 있는지와 반 잔밖에 없는지는 결국 마음의 여유에서 생기는 것이다. 긍정적인 마음이 부정적인 마음보다 훨씬 더 행복하다는 결과를 가져온다고 한다. 긍정의 마음은 우리를 변화시킨다. 긍정에 영향을 미치는 결정적인 변수는 선천적인 재능이나 후천적인 양육 환경이 아니다. 그것은 오직 우리의 가치관에 따라 선택한 일이다. 긍정하자. 절대적 긍정의 자세를 가지자. 우리를 행복한 긍정인으로 이끌어주기 때문이다.

긍정적인 관점으로 거대한 골리앗을 무너뜨린 다윗의 이야기가 있다.

이스라엘 사람들이 골리앗을 바라볼 때 그는 너무나 몸집이 거대한 거인이었다. 그래서 그들은 자신들이 골리앗을 물리치지 못할 것 같다는 생각을 했다. 골리앗의 그 거대한 몸집에 그들은 모두가 사시나무 떨듯이 두려워 떨며 감히 저항하지를 못했다. 그러나 다윗은 다르게 바라봤다. '야, 저 골리앗 몸집 한번 되게 크구나! 저렇게 몸집이 크니 내가 돌팔매질을 하면 영락없이 맞겠구나!'라고. 그리고는 자신만만하게 골리앗을 향하여 달려가며 돌멩이를 날리자 생각한 대로 골리앗의 그 큰 이마에 명중하고 말았다. 만약 다윗이 골리앗의 그 큰 몸집을 다른 이들처럼 무서워했다면 그도 역시 골리앗을 쓰러뜨릴 수 없었을 것이다. 그러나 그는 골리앗의 그 큰 몸집을 바라볼 때 '와, 표적 한번 크고 좋네!' 하는 대담하고 긍정적인 관점을 가졌기 때문에 골리앗을 쓰러뜨릴 수 있었던 것이었다. 즉 우리 앞에 닥쳐오는 골리앗 같은 거대한 문제를 바라볼 때, 그것을 어떻게 바라보느냐에 따라 그 문제를 헤쳐나갈 수도 있고, 반면 그 문제로 인해 한 발자국도 전진하지 못할 수도 있다. 긍정적인 사람과 부정적인 사람과의 차이는 관점에서 잘 나타난다. 부정적인 사람들은 상황이 어려워지면 그 어려운 상황을 자신의 지혜나 경험을 통하여 풀려고 하지 않는다. 그러나 그 상황이 자신의 한계에서 풀지 못하는 문제라고 생각되면 그때부터 희망은 사라지고 절망 속에 빠져 탄식과 우울한 나날을 보내게 된다. 그러나 긍정적인 사람들은 아무리 절망적인 상황에 맞부딪히더라도 결코 희망을 저버리지 않는다. 긍정적인 사람들이 부정적인 사람들보다 더 많이 배우고, 더 많이 가졌고, 더 좋은 현실적인 조건이 있기 때문은 절대 아니다. 단지 우리들의 관점에는 긍정과 믿음의 관점이 있기 때문이다. 같은 사물이라도 바라보는 관점에 따라 얼마든지 달라질 수 있다는 뜻이다.

"긍정의 눈으로 보라" 〈크리스천투데이 종교신문〉(2008.11.10.)에서 "타인을 바라볼 때 긍정적인 시각으로 바라보라. 그러면 애물단지가 보물단지가 되고, 흉물이 명물이 된다. 우리가 잘 아는 바보 온달과 평강공주 이야기를 보면, 다른 사람들은 온달을 착한 바보로만 여겼으나, 평강공주만은 그렇게 보지 않았다."라는 내용이 있다. 겉으로는 바보같이 보인 온달이었지만 그 내면에 숨겨진 잠재력을 공주는 보았던 것이었다. 나쁜 사람이라고 생각하면 한없이 나쁘게 보이고, 부족하게 보면 한없이 부족해 보인다. 사람의 마음은 상대방을 긍정적으로 바라보면 상대 속에 있는 좋은 점이나 감춰진 재능이 보이기도 한다는 것이다. 평강공주는 바보 온달을 부정적인 관점이 아니라 긍정적인 관점으로 보았다는 것이다. 설령 재능이 부족해 보이고 모자란 구석이 있었어도 일단 긍정적인 관점으로 보았다는 것이다. 그래서 작은 장점이라도 공주의 눈에 보인 것이다. 그것을 토대로 평강공주는 바보 온달을 큰일을 도모할 사람으로 생각했다는 것이다. 그랬더니 놀랍게도 변화가 일어났다. 바보 온달이 온달 장군이 된 것이다. 한 사람의 긍정적인 믿음이 바보를 장군으로 만든 것이다. 세상을 돋보이게 만드는 것은 긍정을 가진 사람들이다. 결국은 긍정이 세상을 움직이게 하고 사람의 마음을 움직이게 한다. 평강공주나 바보 온달은 긍정의 대가들이다. 우리의 긍정을 우리도 삶에서 찾는다면 이 우주를 통틀어 가장 빛나는 긍정의 대가로 살아갈 수 있을 것 같다.

사토 도미오는 저서 『진짜 부자들의 돈 쓰는 법』에서 회사원 시절 월급의 3배에 달하는 롤렉스 시계를 샀다고 한다. 그 당시에는 오메가 시계가 고가의 시계로 인식되는 수준이었고 롤렉스 시계는 일본에 거의 없는 상표조차 알려지지 않은 시계였다고 한다. 우연히 홍콩에 출장 갔다가 롤렉스 시계를 보고 마음을 빼앗긴 저자는 월급의 3배가 넘는 롤렉스 시계를 샀다. 주변의 시선은 시큰둥했음에도 불구하고 사토 도미오는 그 시계를 차고 있으면 가슴이 펴지고 당당한 자세가 되었다고 한다. 자신이 머지않아 롤렉스 시계에 어울리는 사람이 될 것이라는 걸 의심하지 않았다고 한다. 그는 70만 원이라는 큰 투자를 통해 '꿈은 꼭 이루어진다'라는 증명서를 손에 넣었다고 한다. 만약, '나에게 너무 비싼 물건이야'라고 생각해서 포기했다면 지금의 성공을 손에 넣을 수 없었다고 했다. 사토 도미오라는 사람은 우주 최강 긍정적인 사람인 것 같다. 월급의 3배가 넘는 롤렉스 시계를 살 때도 단순하게 '사고 싶다'라는 결심으로 사버렸기 때문이다. 돈을 쓰는 동안 가슴이 두근거리도록 '부자 스위치'를 켜고 미리 원하는 것을 얻고 식사 비용도 아끼며 살았다고 한다. 돈을 쓸 수 있다는 건 기분 좋은 일이다. 돈을 쓰는 것은 많은 사람의 행복에 공헌하는 일이다. 내가 원하는 것을 얻고 자신의 목표에 집중하다 보면 몇 배로 성장한 나 자신을 볼 수 있다. 또 다르게 멋지게 살 수 있는 희망을 볼 수도 있다. 사토 도미오는 '입버릇 이론'을 창시한 사람이기도 하다. 인생은 말한 대로 이루어진다고 했다. 사람과의 관계 속에서도 '부정적인 말'을 하는 사람과 함께 하고 싶을까? 아니면 '긍정적인 말'을 하는 사람과 함께 하고 싶을까? 부정적인 말을 하면 부정적인 사람이 되고 긍정적인 말을 하면 긍정적인 사람이 된다고 한다. 살아가면서 행복하고 성공하기 위해 무엇보다 긍정의 자세를 가질 필요가 있다. 어떤 상황에서도 긍정하는 자세가 결국 좋은 결과를 만든다. 지금 당장 긍정으로 살아가기로 결심하는 사람이 되자.

마지막으로『진짜 부자들의 돈 쓰는 법』에 나오는 말을 기억해보자.

"돈 쓰는 것을 무서워하며 평생 모으기만 하는 사람이 될 것인가? 과감하게 욕망을 충족시키면서 돈 쓰는 것을 즐기면서 더 큰 부자가 되는 꿈을 꿀 것인가?"

# POSITIVITY

# 4장

# 나는 행복을 전해주는 사람입니다

불안한 삶을 일으켜 세우는 긍정의 기술

01

# 나는 행복을 전해주는 사람입니다

"이 세상에서 가장 행복한 사람은 일하는 사람, 사랑하는 사람, 희망이 있는 사람이다."

– 조셉 에디슨

"나는 행복하다"라고 외치는 사람은 얼마나 될까? 나는 가장 행복한 사람이 되고 싶었다. "나는 왜 다른 사람들처럼 행복하지 못할까?", "왜 불행을 달고 살까?"라며 고민하며 살았던 적이 있었다. 행복을 찾기 위한 취미생활도 했다. 취미생활을 할 때는 행복했지만 하지 않을 땐 그러지 못했다. 인터넷 사이버 강의도 듣고 자격증도 땄지만 행복하지 못했다. 야생동물을 사냥하는 사냥꾼처럼 나는 계속 행복을 찾아다녔다. 그러나 행복하지 못했던 건 왜일까? "저 사람은 잘하는데 나는 왜 안 돼?",

"저 친구는 잘사는데 나는 왜 이 모양이지?"라며 남들과 계속 비교하는 나를 보았다. 행복을 찾기 위해 파랑새를 찾으러 밖으로 돌고 돌다가 집에 오니 있더라는 것처럼 나도 행복을 남과 비교하며 원했던 것이다. 사람은 누구나 자신 안에 행복을 불러들이는 만큼 행복해진다. 진정한 행복은 밖에서 찾는 것이 아니라 내 마음속에 있다는 걸 알았기 때문이다. 행복을 찾아 밖으로 헤매지 말고 내 주위에서 찾아야 한다는 것이었다.

"우리는 얼마나 행복을 느끼며 살아가고 있나?" 〈2020 세계 행복보고서〉는 "사회 환경이 삶의 질 향상에 가장 중요하고, 사회적 관계가 두텁고 신뢰가 높을수록 개인적 역경으로 인한 불행감을 줄일 수 있다."라고 강조한다. 하지만 한국은 불평등 수준이 높고, 사회적 신뢰는 OECD 최저 수준이라고 한다. 한국인의 행복지수, 즉 주관적 삶의 만족도가 낮은 이유다. 인간은 다른 사람들 사이에서 함께 살아가는 존재다. 단순히 본인의 경제적 문제, 건강문제가 없다고 해서 행복감이 높아지지는 않는다고 했다. 우리나라 사람의 행복지수가 생각보다 굉장히 낮은 수준이라 놀랐다. 나조차도 행복하다고 느끼지를 못하고 있었으니 말이다. 행복하지만 남들의 눈치를 보느라 표현을 잘하지 못하는 이유도 있다. 지나친 경쟁, 외모 비교, 물질적인 부, 사회적 지위 등 남을 의식하다 보니 행복해지지 않는 것이다. 지금부터 행복하지 못한 자신을 위해 행복해지기 위한 최면을 걸어보자. 독불장군이 아니라 남을 인정하는 사람이 되자.

남들과 소통하며 지내야 행복이 찾아온다고 한다. 행복했던 순간을 생각하며 자신을 행복하게 만드는 연습을 해보자. 삶의 의미를 찾는 봉사를 해보기도 하자. 건강을 위해서 미루어왔던 운동도 하자. 사랑하는 가족을 위한 시간도 내어보자. 마음의 행복 샘에서 퐁퐁 솟아나는 행복을 담아 마음에 뿌리고 살아간다면 행복해지지 않을 수 없을 것이다. 이 모든 것이 행복해지는 비결이다. 최선을 다해 노력해야 행복을 소중히 얻을 수 있을 것이다. 남들과 소통하며 "행복해져라, 행복해져라" 하고 주문을 외며 마법을 부려보자. 행복이 저절로 찾아올 것이다.

국회 미래연구원의 위탁 연구 과제 '대한민국 행복지도'에서 우리는 반세기 전보다 400배 넘게 부유해졌고, 2018년 기준 우리나라의 1인당 GDP는 28위에 해당하지만, UN의 행복지수는 57위를 기록하였다. 경제 성장의 이면에는 어두운 구석도 존재하기 때문이다. 지금은 코로나19 때문에 행복지수가 더 떨어졌을 것 같다. 사람들을 만나기도 두렵다. 그러나 스마트폰 하나만 있으면 SNS로 소통을 할 수 있으니 굳이 사람들을 만나러 나가지 않아도 된다. 하지만 사람들을 보면 사회적 고립감을 많이 느껴 외로워하는 사람들이 많이 있는 것으로 나타나기도 한다. SNS로 소통하는 것도 한계가 있으니까. 밖에 나가 친구도 만나며 따뜻한 정을 나누며 행복해지고 싶다. 불안도 많고 걱정이 많은 지금이다, 행복해지는 마음을 두려움에 빼앗기고 있다. 법정 스님은 "인간은 행복하기 위해 태어난 존재"라고 했다. 두려워하지 말고 불필요한 것에서 자유로워지면 행복해진다고 한다. "행복해서 웃는 것이 아니라, 웃어서 행복한 것이다."

호세 무히카 전 우루과이 대통령은 1935년생으로 재임 기간 사회 불평등을 줄이고 경제를 성장시켰으며 참된 행복의 가치를 역설하였다. 28년 된 낡은 자동차를 끌며, 월 90%를 기부했던 대통령, 노숙자들에게 대통령궁을 내주는 대통령, 고등학교 졸업장도 없지만, 철학자로 불리는 대통령, 프란치스코 교황에게 '현자'라고 칭송받은 대통령이다. 세상에서 제일 가난한 대통령인 그분의 말이 널리 회자가 되고 있다. "제 인생은 검소하게 살기로 작정했고, 많은 것을 소유하는 데에 시간 낭비하기 싫다."라고 했다.

요즘 우리나라에서도 '미니멀리즘'을 추구하는 사람들이 많다. 최소한의 사물을 삶에 적용한다는 것이다. 나도 얼마 전에 1년에 한 번도 손이 가지 않았던 옷을 다 정리했다. 버리려다가 또 입는 날이 오겠지 하면서 넣어뒀던 옷이 무척 많았다. 허전한 옷장이 조금 서운하기도 하지만 정리된 옷장을 보니 너무 행복했다. 물건들을 채우기보다 비우는 작업인 미니멀리즘 실천으로 우리 집이 점점 가벼워지기 시작하니 비우는 것에서 감사와 행복이 느껴지기 시작했다. 쇼펜하우어가 현대를 살아가는 사람들에게 전해주는 행복한 말이 있다. "행복은 자기 자신에 있다. 끝없는 욕망을 버려라. 지금 가진 것에 만족하라. 당당하게 살아라."

프랑스의 어느 유명 정신과 의사가 모든 사람이 찾는 진정한 행복의 비결을 찾기 위해 세상을 두루 돌며 찾아본 결과, 불행의 원인이자 사람들이 대개 자신의 삶에 만족하지 못하는 까닭은 남과 자신을 비교하기 때문이라는 사실을 알았다. 사람들은 실제 불행하지 않으면서도 남과 비교하여 스스로 불행하다고 생각하고 있더라는 것이다. 그래서 그가 찾은 행복의 비결은 다른 사람과 자신을 비교하지 않는 것이다.행복은 항상 가까이에 있다. 멀리서 찾지 말자. 자신만의 삶이 있는데 남과 비교하니까 불행해진다.

우리는 이 세상에 하나밖에 없는 독립된 존재이다. 누구와도 비교할 수 없는 절대적인 존재이다. 행복은 자신의 주관을 뚜렷이 세우고 자신으로부터 찾아내는 행복을 소중히 간직하는 것이라고 했다. '세계에서 가장 행복한 사람'을 검색창에 치면 '마티외 리카르'라는 프랑스 이름이 뜬다. 리카르는 세포 유전 공학 박사를 딴 뒤 27세에 티베트 불교에 귀의한 인물이다. 10여 년 전 미국 위스콘신주립대는 명상가 15명을 모아놓고 흥미진진한 실험을 했다. 명상가들의 머리에 256개의 센서를 부착하고 기능성 자기공명장치로 촬영해 뇌의 움직임을 오랫동안 정밀하게 관찰

한 것이다. 이 실험 결과 리카르는 긍정적 감성과 관련된 영역에서 역대 가장 높은 수치를 보였다. 그때부터 그는 '세계에서 가장 행복한 사람'으로 불렸다. 행복한 사람이 되려면 하루에 10분에서 15분 동안은 행복한 생각을 떠올리는 것으로 시작하라고 했다. 긍정적인 감성을 가지고 행복한 생각을 하면 힘든 일이 일어날지라도 긍정적으로 해결할 수 있는 능력을 발휘할 수 있다고 한다. 긍정적인 감정은 태풍이 불어와도 비바람이 몰아쳐도 세상이 행복하다는 마음에 방해를 받지 않기 때문이다. 행복한 사람 중에 결혼식을 올리는 신부를 빼놓을 수 없을 것이다. 새로운 출발을 알리는 결혼식. 가장 아름답게 치장하고 사랑하는 사람과의 백년가약을 당당히 밝히는 날. 그런데 하필 많은 결혼하는 신부들이 결혼식 날 눈물을 흘린다. 떠나보내는 부모들이 눈시울을 적시는 경우도 많다. 부모님들의 눈물도 행복과 기쁨의 눈물일 것이다. 결혼하는 신부의 눈물도 부모님에 대한 감사의 눈물과 행복의 눈물일 것이다. 나도 결혼할 때 혼주석에 앉은 부모님을 보니 눈시울이 뜨거워졌다. 그동안 잘 키워주신 부모님이 감사했기 때문이다.

'결혼은 선택'이라는 말도 있다. 그렇지만 결혼을 한 사람보다 결혼을 안 하고 혼자 사는 사람이 더 일찍 죽는 건 물론, 삶의 만족도가 더 낮다고 한다. 행복하게 살려면 나와 상대방 모두 부족한 게 많다는 걸 인정하고 노력해야 한다. 우리 인생을 당당하게 개척해서 자신감 있게 행복도 우리가 만들고 전해주어야 한다는 것이다.

"삶의 의미를 찾는 데 성공하면 행복해질 뿐만 아니라 역경을 딛고 일어서는 능력까지 갖추게 된다."

– 빅터 프랭클

빅터 프랭클은 절망 속에서도 희망을 잃지 않고 행복을 찾은 전설적인 인물이다. 불행한 상황에서도 절대적 긍정적인 마음으로 나치 강제수용소에서 견뎌낸 그는 강제수용소에서 부모, 형제, 아내를 모두 잃었다. 모든 소유를 빼앗기고 모든 가치를 상실한 채 굶주림과 혹독한 추위, 핍박과 공포 속에서도 삶의 의미를 잃지 않았다고 한다. 그 안에서 의미 있는 삶을 발견하고 유지할 수 있었다고 한다. 모든 자유가 강탈된 수용소에서 오직 남은 것이라고는 주어진 상황에서 자신의 태도를 선택할 수 있는 자유밖에 없음을 깨달았다. 그 이후 그는 수용소에서의 최악의 상황에서도 삶의 의미를 찾을 수 있었다고 한다. 빅터 프랭클의 이야기는 어떠한 상황이 와도 긍정적인 시각으로 보면 죽을 것 같은 상황도 잘 헤쳐나갈 수 있다는 것을 보여준다. 그는 자유가 없는 환경에서도 삶의 의미를 찾을 수 있었고 행복한 순간을 상상했다고 한다. 그는 나치수용소에서 살아난 유일한 사람이다. 나치수용소 생각만 해도 온몸에 소름이 돋는다. 그곳에서 긍정을, 절대적인 긍정을 가지지 않고서는 그가 어떻게 견뎌내고 살아남을 수 있었겠는가. 절망 속에서도 희망을, 희망 속에서도 행복을 보았으리라. 그의 수용소 생활은 단단한 시멘트 땅에 한 송이 민들레 꽃이 피듯이 힘들고 어려운 상황이었을 것이다. 그런데도 절망하지 않고 희망을 피워내는 행복의 향기를 전했던 그는 우리에게 행복이 고통 속에서도 피어날 수 있다는 걸 알려준다.

대한민국 헌법 제10조에 "사람은 누구나 다 행복할 권리가 있다."라는 조항이 있다. 사람은 누구나 행복하게 살고 싶다. '아이가 말을 안 듣는다', '남편이 매일 술 먹는다', '직장상사가 화를 낸다.' 이 모든 것들이 자신의 괴로움이 되었다. 남 탓하며 괴로워하는 것은 행복해지길 원하는 우리를 가로막는 장애물이다. 성당에서는 '내 탓이오', '내 탓이오'라며 자신의 죄를 뉘우치는 기도가 있다. 이 기도를 할 때마다 남 탓하지 말아야지 하면서도 어느새 '내 탓이 아니야'로 돌아선다. 내 탓의 고삐를 잘 잡고 있어야 행복이 나를 향해 따라줄 것이다. 계속 내가 원하는 대로 되면 행복하고, 내 뜻대로 되지 않으면 괴롭다고 한다면 세상은 우리가 원하는 대로 절대로 되지 않는다. 괴롭다가도 좋고 좋다가도 괴롭고 반복의 연속인 게 세상의 법칙이다. 모든 걸 남의 탓으로 돌리고, 남들과 비교해서 마음을 불행하게 만드는 것은 어리석은 일이다. 내가 원하는 대로 되어 행복하다는 마음을 가지면 진정한 행복이 될 수 없다는 것이다. 남이 자신에게 맞추어주기를 바란다면 불행해지는 마음이 더 생기게 된다. 주어진 조건에 대해 긍정적인 마음으로 대하면 자유로워지고 행복해질 수 있다. 긍정적 마음을 가지면 별문제가 안 된다. 마음이 긍정이냐 부정이냐에 따라 행복도 따라온다는 것이다. 남 탓하며 자신을 괴롭히는 것은 행복해지길 원하는 우리를 가로막는 것이다. 우리는 행복이 오는 걸 알아차려야 한다는 것이다. 행복이 내 곁에 오면 요란하지 않게 알아차리고 고요하게 행복을 받아들여야 한다는 것이다. 우리는 행복을 받아들이는 사람이기 때문이다. 그리고 우리는 행복을 전해주는 사람이기도 하다. '세계에서 가장 행복한 사람'으로 불렸던 리카르의 말을 기억해보자.

"행복은 즐거운 일이 끝없이 계속되는 게 아니다. 그렇다면 탈진해버릴 것이다. 행복이라는 것은 내적 평화가 갖춰져 있어서 인생의 부침이 올 때 긍정적으로 해결할 수 있는 능력이다. 이런 점에서 행복은 일종의 기술이다."

02

## 어떤 불안도 이겨내는 긍정의 힘

불안한 마음을 지니고 있다면 지금 바로 행동해라. 행동하면 삶이 자유로워진다. 늘 해야지 하면서도 행동하지 않고 불안한 마음만 지니고 있었다. 불안해서 잠들 수가 없는 사람이 많다. 내일 무슨 일이 일어날지 걱정되어 불면증으로 잠들지 못하고 있다. 불안한 사람은 잠을 깨우는 알람 소리에도 심장이 벌렁거린다. 눈을 뜨자마자 불안이 시작된다. 오늘 무슨 일이 생길지 미리 불안해진다.

나는 일을 미루기를 정말 잘하는 사람이었다. 내가 해야 할 일을 피곤해서, 시간이 없어서, 하기 싫어서, 내 마음이 시키지 않는다는 핑계로 하지 않았다. 마음은 계속 '일해야지, 어서' 불안해하면서도 미뤄두었다. 나는 불안감에 익숙해졌고 마음이 어두운 사람이 되었다. 삶의 의미가 없어지면서 불안이 나를 병들게 했지만 알아차릴 수 없었다. 불안은 사람을 무기력하게 만들고 극단적인 선택까지도 할 수 있게 만드는 주범이라는 걸 이제 와 비로소 알게 된 것이다. 불안 '이것 또한 지나가리라.'

친구는 불안감이 너무 심해서 정신과에서 치료를 받게 되었다. 병명은 불안장애와 우울증이었다. 불안의 원인은 사업을 했다가 망하게 된 것이었다. 스트레스로 인한 불안감이었다. 몸에 이상은 없지만 잠잘 때 수면제가 없으면 잠을 잘 수 없다고 하였다. 눈만 감으면 천정에는 잃어버린 돈들이 돌아다닌다고 했다. 돈을 몇천만 원을 날려버렸으니 얼마나 억울할까? 써보지도 못하고 날려버렸으니 화병이 나도 단단히 났을 것 같다. 불안은 어디를 통해서도 비집고 들어온다. 〈정신의학신문〉 임찬영 정신건강의학과 전문의는 우리나라 인구 중 5% 정도가 불안증에 걸린다고 한다. 여성에게 2배가량 높게 나타난다고 한다. 초기에는 답답함, 소화불량, 통증(두통, 근육통), 피로감, 이명 등의 신체적인 증상을 호소한다고 한다. 불안 증세는 예민한 성격이 되었다가 불안증으로 진행된다고 한다. 걱정과 불안은 당연히 생겨야 하는 부분이지만 너무 지나친 걱정과 불안은 우리의 삶을 피폐하게 만들고 일상생활을 힘들게 한다고 한다. 불안 증세는 약물 치료도 중요하지만, 마음을 어디에 두느냐가 더 중요한 것 같다. 눈에 보이는 것, 귀에 들리는 것이 다는 아니다. 거기 있어서 보이고 들리는 게 아니라 내 마음이 보고 듣게 만드는 것이어야 한다.

마음 하나 바꾸면 세상 모든 일이 아무것도 아니다. 마음 하나 바꾸면 세상 모든 일이 긍정으로 보인다. 긍정의 힘은 어떤 시련도 불안도 이겨낼 수 있는 강력한 치료제이다. 불안이 사람을 병들게 한다는 걸 보았다. 잠을 못 자게 만들고 무기력하게 하고 극단적인 선택도 할 수 있게 하는 강력한 상대다. 그러나 긍정은 불안보다 훨씬 더 한 수 위다. 긍정의 힘은 강제 나치수용소에 있던 사람도 행복한 생활을 할 수 있게 했고, 말을 더듬던 사람도 유명한 CEO가 되게 했다.

세계적인 제조 기업 제너럴일렉트릭(GE, General Electric Company)의 전 회장 잭 웰치(Jack Welch)는 어린 시절 사람들이 손가락질을 할 정도로 말을 심하게 더듬었다. 그러나 어머니는 "웰치야, 네가 말을 더듬는 이유는 생각의 속도가 너무 빨라서 입이 그 속도를 따라주지 못하기 때문이란다. 너는 반드시 큰 인물이 될 거야!"라고 항상 그를 격려했다. 잭 웰치는 어머니의 격려에 힘입어 1960년 GE에 입사하고, 독특하면서도 뛰어난 경영 방식으로 승진을 거듭하였다. 1981년 최연소로 GE 회장이 되어 2001년 9월 퇴임할 때까지 '6시그마, e비즈니스, 세계화' 등의 전략으로 GE를 혁신하여 세계적 기업으로 성장시켰다. 긍정의 힘은 잭 웰치를 큰 인물로 만들었다. 최연소 GE 회장이 되었고 20세기가 낳은 최고의 CEO가 되게 했다. 긍정은 우리를 춤추게 하기도 한다. 날개 없는 우리에게 날개를 달아준다. 긍정적인 사람이 되면 얼굴에서 맑은 기운이 나온다. 긍정적인 말에서 긍정적인 행동도 나오게 된다. 무한 긍정의 힘으로 모든 것이 잘될 것이라고 확신하도록 마음을 다져가야 할 것이다.

책을 쓰기 전에 "아! 어떻게 쓰지?", "어떤 말로 서론을 시작하나?"라는 불안감에 컴퓨터 앞에 2시간을 멍하니 앉아 있었다. 완벽하게 쓸려고 하지 말고 빠르고 쉽게 완성하라는 나의 스승이신 김도사님의 말에 용기 내어 불안을 떨치고 책을 쓰기 시작했다. 빠르게 쓰지는 못했지만 1꼭지씩 완성되는 즐거움이 있었다. '아! 이래서 책을 쓰는구나.'라는 느낌을 알 수 있었다. 책 쓰기를 하다 보니 불안했던 내 삶이 긍정적인 삶으로 변화되어가고 있었다. 나의 모자라는 부분들과 나의 삶이 착착 정리되어 너무 행복해져갔다. 의지박약에 불안하고 부정적인 사람이 절대 긍정적인 사람이 되어 인상도 변하고 독자에서 저자로 변하는 이 상황이 마냥 즐겁기만 하다.

누군가 책을 쓰고 싶다고 하면 무조건 쓰라고 할 것이고, 책을 쓰고 싶은 생각이 없다 하더라도, 꼭 한번 써보라고 권유하고 싶다. 책은 나를 가장 빠르게 변화시키는 유일한 수단이기 때문이다. 책 쓰기에 관해서 궁금하다면 네이버 카페 〈한국책쓰기1인창업코칭협회(한책협)〉를 찾으면 큰 도움을 받을 수 있다. 그리고 불안한 삶을 일으켜 세우는 긍정의 기술에 관해 대화를 나누고 싶다면 네이버 카페 〈박수은긍정심리연구소〉에서 도움을 받을 수 있다.

미국의 한 지방 신문에 한여름의 가동되지도 않은 냉장차 안에 갇혀 죽은 사건이 보도되어 화제가 된 적이 있다. 이 안타까운 사건의 주인공인 철도 역무원 '닉 시즈맨'이라는 남자로 매우 건장한 사람이었다. 어느 여름날, 동료의 생일이라 한 시간 일찍 퇴근하기로 하였는데 그는 이 사실을 깜빡 잊고 평상시처럼 냉장차 안에서 일을 했다고 한다. 동료들은 이를 모른 채 냉장차를 잠그고 퇴근해버렸다. 뒤늦게 자신이 갇힌 것을 알게 된 닉은 안에서 문을 두드리고 소리를 치며 발버둥쳤으나 주위에는 아무도 없었다.

그렇게 몇 시간이 지난 후 그는 냉장차 안의 나무 바닥에 칼로 이렇게 썼다. '너무 추워 온몸이 마비되는 것 같다. 차라리 이대로 잠들어버렸으면 좋겠다. 아마도 이것이 나의 마지막이 될 것이다.' 다음 날 아침 평소처럼 그의 동료들은 작업을 위해 냉장차의 문을 열었고 죽은 닉을 발견했다. 그런데 이상한 일이었다. 닉이 갇혀 있던 날 밤 냉장차는 작동하지 않고 있었으며 차량 속의 온도계는 영상 13도를 가리키고 있었다는 것이다. 그렇다면 그는 왜 죽었을까? 그는 추위로 얼어 죽은 것이 아니었다. 냉장차 안에서 얼어 죽을 것이라는 절망적인 공포와 포기가 그를 죽게 만든 것은 아닐까? 이걸 '로젠탈 효과'라고 한다.

로젠탈 효과는 '마음이 아름다우니 세상이 아름다워지는' 자기실현적

예언이다. 즉 불안한 상황에선 불안한 마음을 가지고 온다는 것이다. 닉이라는 사람도 그러한 상황에서 불안과 공포밖에 생각나는 게 없었을 것이다. 사람이 극도의 불안 상황이 오면 일단 공포를 먼저 느끼기에 냉장차 안의 온도가 섭씨 13도였다고 해도 영하로 내려가서 죽을 거라고 단정 짓는다는 것이다. 결론은 긍정적인 마음을 가지면 긍정적인 결과가 따라오고 부정적인 마음을 가지면 부정적인 결과가 온다는 것이다. "호랑이 굴에 들어가도 정신만 차리면 산다."라는 옛날 속담을 떠올려 봤다.

"한 번에 만족스러운 점프를 위해 3000번의 점프를 뛰었다." 피겨스케이팅 선수 김연아의 말이다. '세상에 점프를 3000번이나' 혀를 내두를 정도의 연습 벌레인 것 같다. 그녀를 보면 항상 노력하고, 용기 있고, 의젓한 모습이 정말 멋있다. 늘 당당하고 자신감 넘치는 모습은 우리를 감동 속으로 풍덩 빠지게 한다. 경기 중에 실수해도 흔들림 없는 모습이 그렇게 멋있을 수가 없다. 어떻게 저렇게 대담할까? 불안하지 않을까? 상대 선수에게 주눅 들지 않는 모습을 보면 김연아를 '강철 멘탈'이라 부를 만했다. 벤쿠버 동계 올림픽 경기를 볼 때도 나는 내 심장이 더 떨렸다. 실수하지 않을까 싶어 조마조마하고 불안했다. 그러나 김연아 선수는 이겨냈다. 아니 금메달이었다. 경기에서 불안감을 극복하기 위해 수많은 피나는 연습과 노력을 한다고 했다. 연습도 경기처럼 한다고 했다. 불안한 순간들을 극복하기 위해 연습으로 최선을 다한 그녀는 나이는 어리지만

나보다 더 인생 선배 같은 훌륭한 선수로 바라보고 싶다.

오광조는 저서 『불안감 버리기 연습』에서 김연아 선수가 경기에 임할 때, 당차고 자신감이 넘쳤던 이유는 실수에 대한 불안감을 극복했기 때문이라고 한다. 하지만 불안한 사람은 성공하지 못할까? 자신감만이 성공의 필수 요소일까? 자신감은 타고난 것일까? 불안감이 항상 나쁜 것만은 아니다. 적절한 불안감은 집중력을 높이고 미래를 준비하는 동력이 된다.

막연한 자신감만 가지고 대비하지 않은 사람과 불안감이 있어 미래를 준비하는 사람 중 막상 기회가 닥쳤을 때 누가 성공할지는 뻔하다. 불안감 때문에, 안 되는 것이 아니라 불안감 덕분에 철저한 준비를 할 수 있는 것이다. 자신감과 불안감은 한 배를 타고 있다고 한다. 살면서 작은 도전을 반복하며 우리는 자신감을 키워나간다. 작은 승리의 습관이 큰 자신감을 가져온다. 그렇게 불안감을 자신감으로 바꿔나가는 것이다. 불안감을 극복하려면 자신감을 단련해야 한다.

자신을 믿지 못하는 사람은 불안하여 갖은 비법과 징크스를 만든다고 한다. 겉보기에 자신만만하다고 불안감이 전혀 없다고 생각해서는 안 된다. 불안감을 의도적으로 억누르고 있거나 아니면 충분한 준비를 했기 때문에 덜 불안한 것이기 때문이다. 불안은 어떤 순간에라도 이겨낼 수 있다. 불안을 이겨내려는 마음을 포기하지 않고 극복하는 긍정의 감정 연습을 하면 된다. 우리가 길을 가다 보면 진흙 길도 나오고 꽃길도 나온다. 어떤 불안도 이겨내는 긍정의 힘을 기르는 근육을 만들자.

마지막으로 김연아 선수의 명언을 기억해보자.

"이만하면 됐어. 충분해. 다음에 하자. 이런 유혹에 포기하고 싶을 때가 있다. 하지만 이대로 포기한다면 안 한 것과 다를 게 없더라. 99℃까지 죽을힘을 다하여 온도를 올려두어도 마지막 1℃를 넘기지 못하면 물은 영원히 끓지 않는다. 물을 끓이는 것은 마지막 1℃, 포기하고 싶은 바로 그 1분을 참아내는 것이다."

03

## 긍정이야말로 인생에 필요한 것

피그말리온 효과라고 들어본 적이 있을 것이다. 너무 유명한 이야기여서 긍정에 관한 글에는 자주 나오는 이야기이다. 그리스신화에 나오는 조각가 피그말리온의 이름에서 유래한 심리학 용어다. 조각가였던 피그말리온은 세상의 여인들 가운데서 이상형을 찾을 수 없어서 자신의 이상형대로 아름다운 여인상을 조각하고 그 여인상을 진심으로 사랑했다. 여신 아프로디테는 그의 사랑에 감동하여 여인상에 생명을 주어 여인으로 만들었고, 피그말리온은 사람이 된 조각상과 결혼해서 부부가 되었다. 간절한 바람으로 피그말리온의 사랑이 이루어졌다.

피그말리온 효과는 자신에 대한 기대로 자기가 예언하고 바라는 것이 이루어졌다는 것이다. 피그말리온을 보면서 자신에 대한 긍정적 믿음과 긍정의 힘이 얼마나 놀라운 일을 만드는지 보여주는 것 같다. 간절히 바라면 이루어진다는 것을 보여주는 것이다.

정민의 저서 『삶을 바꾼 만남 – 스승 정약용과 제자 황상』에서 1802년 강진으로 유배 온 다산 정약용에게 열다섯 살짜리 소년 황상이 물었다. "저처럼 머리 나쁘고 앞뒤가 꽉 막히고 분별력이 모자란 사람도 공부할 수 있을까요?" 정약용의 대답이 걸작이었다. "배우는 사람에게는 세 가지 병통이 있단다. 기억력이 뛰어난 이는 공부를 소홀히 하고, 글짓기가 쉽게 되는 이는 들뜨게 되는 폐단이 있고, 이해력이 빠른 이는 곱씹지 않아 깊이가 없단다. 그런데 너에게는 그게 모두 없구나. 너 같은 사람이라야 공부를 할 수 있다. 부지런히 공부하여라." 정약용의 이 말은 촌부의 아들 황상의 인생을 바꾸어놓았다. 스승의 가르침대로 열심히 공부한 황상은 문장가로 이름을 날려 정약용이 가장 아끼는 제자가 되었다. 정약용을 끝까지 진심으로 섬긴 제자 또한 황상이었다. 황상은 스승의 말을 진심으로 믿고 따랐다. 한 사람의 삶이 스승의 긍정적인 말에 삶이 송두리째 바뀌었다. 스승과 제자의 멋진 만남이 이루어졌다. 그러고 보면 '나도 정말 운이 좋은 사람이다.' 운이 없는 사람이라고 생각을 했는데 내 삶을 바꾼 최고의 훌륭한 스승을 만났으니 운이 좋은 사람으로 운명이 바뀌었다. 나의 훌륭한 스승은 네이버 카페 〈한책협〉 대표, 책 쓰기의 최고 코치 김도사님이다. 그의 '늘 잘된다는 말'과 '크게 될 거'라는 긍정의 말에 희망을 품고 나는 책을 쓰고 있기 때문이다. 그가 앞에서 이끌어주지 않았다면 이렇게 책을 쓸 수 있었을까. 너무 감사한 일이다. 내 삶이 지금 송두리째 바뀌어가고 있다. 『논어』「학이」편에서 "학이시습지 불역열호"라. "배우고 때때로 익히면 또한, 기쁘지 아니한가?"를 나는 "배우고 때때로 책 쓰면 또한, 기쁘지 아니한가"로 바꿨다.

원효대사는 해골바가지 안의 물을 마시고 깨달음을 얻은 승려다. 당나라로 불법을 공부하러 유학 가던 길을 멈추고 어디서든 깨달음을 얻을 수 있다는 일념을 가지고 돌아왔다. 어젯밤에 마셨던 달콤했던 물이 해골바가지에 담겨 있던 물이라고 생각하면 당장이라도 토해내고 싶을 것이다. 원효대사는 모든 것은 오직 마음에서 오는 것이라는 깨달음을 얻었기에 돌아올 수 있었다고 한다. 결국에 모든 이치는 생각하기 나름이라는 것으로 바로 부처님은 자신의 마음속에 있다는 깨달음을 얻게 된다. 그 길로 발길을 돌려서 신라로 다시 돌아와 널리 민간 속으로 불교를 전도하게 된다. 이로써 매사는 마음먹기에 달렸다는 좋은 가르침을 후세에 남겼다. 우리 마음도 하루에도 산을 열두 번은 들었다 놨다 할 수 있다. 무엇이든 마음먹기에 달려 있기 때문이다. 내가 세상을 얼마 살지는 않았지만, 세상에서 가장 힘든 일이 사람 마음 얻는 일인 것 같다. 애터미를 알릴 때, 제품 하나라도 쓰게 하려면 일단 사람의 마음을 움직여야 한다. 그런데 마음을 열지 않고 굉장히 부정적으로 보는 사람이 많아서 놀랐다. 사람들을 만나면 내가 보는 거울인 줄 알고 깜짝 놀랐다. 나와 같은 모습이 상대방에게서 보였기 때문이었다. 무조건 부정적인 사람의 모습에서 '나도 만만찮은 부정적인 사람이었구나.'라는 사실을 알게 되었다.

그런 이후로는 사람 마음을 억지로 움직이려 하지 않고 기다리게 되었다. 긍정의 마음을 갖고 남을 이해하고 알아주니 내 마음이 편하고 행복하고 즐거워진다는 걸 알았다. '싫어', '짜증 나', '미워죽겠어', '미치겠어', '죽겠어', '슬프다' 등을 말할 때는 내 몸의 기운도 가라앉아 땅속으로 떨어지는 느낌이 든다. 이와는 반대로 '좋아', '멋져', '대단해', '고마워', '사랑해', '기쁘다'를 말할 때는 편안해지고 따뜻한 기운이 온몸으로 번지는 느낌이 든다. 긍정적인 말과 부정적인 말에 우리 몸이 반응한다는 것이다. 성공자들은 긍정적인 말을 많이 하고 긍정적인 생각을 많이 하라고 한다. 왜 그런 말들을 할까? 긍정적인 말들은 윤활유처럼 우리 인생을 매끄럽게 만드는 것이기 때문이다. 무의식연구소 석정훈 대표는 "우리의 무의식은 내가 흘려버린 말, 흘려버린 그 생각을 하나하나 모조리 듣고 반응하고 있다고 한다. 우리의 무의식은 이런 생각들을 명령이라고 생각한다고 한다." 나도 모르게 "죽겠어, 죽겠어" 하며 이런 말을 자꾸 습관적으로 하면 우리의 무의식이 어떻게 반응하는지 알아보도록 하자. "어, 우리 의식이 죽으라는 명령을 내리네. 그러면 빨리 실제로 죽을 준비를 해야겠다. 우리 스트레스 물질을 방출해서 면역 체계 좀 파괴해볼까?" 하면서 실제로 코르티솔이라는 스트레스 호르몬을 방출한다고 한다.

이러다 보면 우리 몸이 피곤해지고 만사가 귀찮은 증상이 오게 된다고 한다. 실제로 우리 몸에 이런 일들이 일어나서 병이 된다는 것이다. 그런 일이 내게 실제로 일어났었다. '세상이 내게 너무 가혹해', '짜증 나' 등등 부정적인 말들을 계속 입에 달고 살았었다. 당연히 내 몸은 스스로 알아서 면역 체계를 망가지게 하고 병을 가져오게 한 것이었다. 부정적인 말들은 몸도 마음도 다 망치는 선수들이다.

부정의 말을 긍정으로 바꾸는 연습을 많이 해서 건강한 삶을 살아갈 수 있도록 하자. 서울대 학생 120명을 대상으로 학습 효율을 높이는 데 영향을 미치는 요인에 대한 설문을 조사했다. 부모의 자녀에 대한 신뢰가 성적에 좋은 영향을 미치는 것으로 나타났다. 더 나은 성적의 이유로써 조사 대상의 58%가 부모의 신뢰를 주요인으로 꼽아, 부모의 긍정적 기대가 자녀의 학습에 상당한 영향을 끼친 것으로 나타났다고 한다. 결국, 부모가 긍정적인 말로 자녀에게 표현해주고 생각을 이해해주고 합리적인 기대를 할 때 학습에 긍정적 효과가 있다고 할 수 있겠다. 자녀들에게 해주는 긍정적인 말이 학습에 영향을 준다는 사실이 밝혀진 것이다. 긍정적인 말들이 자녀들의 성적과 연관된다는 이런 사실을 좀 더 빨리 알았더라면 얼마나 좋았을까 싶은 생각이 들었다. 우리 자녀들에게 부정적인 말을 쓰는 부모가 의외로 많다. 아버지의 부정적인 말 때문에 고등학교 시절에 가출했던 친구가 있었다. 친구 아버지는 "네가 대학이나 가겠나?", "성적이 이게 뭐냐?", "아이고, 내가 죽어야지." 등과 같은 말들을 달고 살았다고 한다. 그런데 중요한 것은 친구의 아버지가 입버릇처럼 했던 "내가 죽어야지."가 실제 상황이 되었다는 것이다. 우리가 입버릇처럼 하는 말들은 우리에게 그대로 받아들여져 그대로 이루어진다는 것이다. 입버릇처럼 하는 말이 엄청나게 무서운 반향을 일으킨다는 것이다. 입버릇처럼 하는 말을 긍정적인 말로 바꿔 우리 몸과 마음에 긍정을 가득 채워 자녀들에게 꿈과 희망을 키워주어야 할 것이다.

우리는 부자가 되고 싶다는 생각을 많이 하곤 한다. 우리는 부자가 될 권리가 있다. 그렇지만 부자는 되고 싶은데 부자들이 가지고 있는 의식은 가지고 있지 않다는 것이다. 우리는 우리 잠재 의식에게 가난하게 살 수 있는 의식만 가지고 있다는 것이다. 부자가 될 생각은 하지 않고 가난을 가져오는 생각만 했다는 것이다. 입으로는 '나는 부자다.'라고 말하면서 마음속으로는 '아니야, 나는 부자가 아니야, 난 가난해'라고 생각했다면, 잠재의식은 입으로 말 한쪽이 아니라 마음으로 생각한 쪽을 이루어준다고 했다. 그러니 자나 깨나 '나는 부자가 되고 있다'라는 말을 반복하고 또 반복해도, 실제로는 더욱더 부자와는 거리가 멀어지는 일이 생길 수밖에 없다고 했다. 가난한 모습을 상상하고, 가난한 느낌을 상상하면서 빈 지갑을 상상하고, 빈 통장을 상상한다는 것이었다. 우리가 진짜 부자가 되고 싶다면 긍정적인 말로 바꿔야 한다는 것이다. '나는 점점 부자가 되어가고 있어', '아, 부자가 되어 가고 있네'처럼 현재진행형 말로 바꿔야 한다는 것이다. '가난이 싫어'라는 말은 가난한 모습을 상상하게 되고, 가난한 삶을 상상하면서, 빈 지갑을 상상하고, 빈 통장을 상상한다는 것이었다. 가난 자체를 생각하면 안 된다는 것이다. 만약에 우리가 진정한 부자가 되고 싶고, 원하는 꿈을 이루고 싶다면 억지로라도 부정적인 말을 긍정적인 말로 바꾸고 그것을 되뇌어야 한다. 그리고 부정적인 말과 생각이 나오려고 할 때, 될 수 있으면 참고 그것을 긍정적인 생각으로 바꿔보는 것도 도움이 될 것이다. 이렇게 우리의 부정적인 말들은 의도하지 않은 대로 움직이는 경우들이 많다. 그렇지만 긍정적인 말들은 우리 잠재의식을 통해서 우리 인생을 성공시키고 꿈과 희망이 가득 찬 행복한 모습으로 미래를 열 수 있게 한다는 것이다. 긍정이야말로 인생에 필요한 것이다.

04

## 숨을 쉬는 한 행복은 있다

초등학교 때, 여름방학이 되면 외갓집에 가곤 했다. 외갓집 앞에는 은어가 노는 강이 있었다. 은빛으로 팔딱팔딱 뛰어오르는 은어가 신기하기도 했다. 나는 강가에서 친구들과 물속에 얼굴만 밀어 넣고 숨 참기 놀이를 하곤 했다. 30초도 못 견디고 튀어 올랐다. 이기기 위해 발버둥을 치기도 하고 친구의 겨드랑이를 간지럽혀서 이기기도 했다. 숨 참고 있을 때는 이제 끝이구나 싶기도 했다. 물 밖으로 나오면 얼마나 행복하든지. 숨을 쉴 수 있으니 행복하다는 생각을 하게 되었다.

숨 쉴 수 있을 때가 가장 행복하다는 걸 느낀 적이 있었다. 방사선 치료를 받으면 숨을 잠깐 참아야 하는 시간이 있다. 방사선과 선생님이 미리 집에서 숨 참는 연습을 하고 오라고 한다. 숨은 이때 참아야 하고 방사선을 쏘니까 숨 참지 못하면 심장에 방사선이 쏘여 큰일이 생긴다는 경고를 했다. 방사선도 무서운데 숨 참기는 더 힘들었다. 어서 끝나서 숨을 쉬고 싶었다. 30초 정도의 숨 참기는 고통스럽고 불안하게 느껴져 여기서 죽을 수도 있겠다는 생각마저 들게 했다. 숨을 참을 때 행복한 생각을 한번 해보기로 했다. 치료가 끝나서 나왔다고 생각을 하니 숨 참기도 쉬워지고 두려움도 없어져 훨씬 덜 긴장되고 치료받기가 쉬웠다.

"보아, '나도 사람인데 이제 숨통 트인다.'"라는 기사가 〈충청일보〉(2020.02.19.)에 나왔다. 가수 보아가 달라진 속내를 고백해 뭉클함을 안겼다. 이날 그는 만 13세 나이에 데뷔 후 20년의 가수 인생을 돌아보며 "10대 때는 시키는 거, 열심히 하기 바빴고, 20대는 하고 싶은 걸 찾기 바빴고, 30대는 잘하는 걸 어떻게 더 잘해 보일까 하고 고민을 했다."라고 밝혔다. 그녀는 자신에게 관대하지 않고 오히려 자신을 강박하는 그런 삶을 살아왔다고 했다. 얼마나 숨이 막혔을까? 인기를 얻는 연예인이니 철저하게 자신을 숨겨야 하는 일도 어려울 것 같다. 자신에게 관대해지고 자신에게 여유를 가져준다면 숨 막히는 일은 일어나지 않을 것 같기도 하다. 숨이 막힌다는 건 자신을 너무 구속하고 스스로 옭아매고 있기 때문이다. 숨통이 트인다는 가수 보아의 얼굴에 행복이 보였다. 일에 쫓겨서 힘들다가 이제 편해졌다는 말에 '참 힘들게 살아왔겠구나.'라는 생각이 들었다. 가수 보아처럼 바쁘게 살다 보면 자신을 돌아볼 시간조차

없이, 숨 쉴 틈도 없이 살아야만 했을 것 같다. 우리의 일상도 가수 보아처럼은 아니지만, 하루 내내 바쁘게 돌아가는 건 마찬가지다. 그래도 숨을 쉴 시간은 만들어두어야 한다. 잠시 멈추어서 여유를 부리며 숨쉬기를 한번 해보도록 하자. 행복이 우리 코앞으로 다가옴을 느낄 수 있도록.

"우리 엄마는 슈퍼우먼입니다. 우리를 챙기느라, 회사 일하느라, 집안일 하느라 차마 아플 틈도 없습니다. 4인분의 식사를 차리고, 옷을 빨고, 집을 쓸고 닦으며, 서둘러 회사도 가야 합니다. 퇴근 후엔 장도 봐야 하고, 아빠 퇴근 전까지 저녁 준비를 마쳐야 하고, 식구들 아프다면 또다시 약국으로 뛰어다녀야 합니다. 하도 바빠서 병균이 올 기회도 없는 슈퍼우먼입니다. … 내일은 반드시 '정말 사랑한다.', '정말 죄송하다.' 그리고 '정말 고맙습니다.'라고 말씀드려야겠다고 말하며 학생들은 서로 부둥켜안은 채로 울고, 부모님께 감사 메시지를 보내면서 또 울었다."

– '드디어 아이들의 숨통이 트이다' 〈아름다운 동행〉 (2010.09.14.)

학생들의 국어 수업시간에 일어난 일이다. 감정표현에도 서툴고, 마음의 문을 닫고 있었던 학생들의 감성을 되살리기 위해 어느 한 선생님이 진행한 수업 방식이었다. 요즘 학생들의 감정에 따뜻한 온기를 불어넣는 것 같다. 점점 감성적인 수업은 사라지고 공부에만 목적을 두고 있는 것 같아 가슴이 답답하기도 하다. 그러나, 한편으론 학생들의 지친 마음을 풀어주고 숨을 쉬게 하는 선생님도 있다는 것이 다행이다 싶다. 학생들의 마음을 이해하고 어루만져주며, 숨을 쉬게 해주는 그런 선생님의 모습들 덕분에 우리 학생들은 행복한 마음으로 미래로 나아갈 수 있을 것이다.

나도 학교 다닐 때 교과목을 암기하고 공부하느라 숨을 제대로 쉴 수가 없었다. 목까지 무언가가 꽉 차 있는 느낌이었다고 할까? 늘 답답한 증세가 있었다. 그런데 소풍이나 교련 시간에는 이런 증상들이 없어지고 숨이 확 트이는 느낌을 받곤 했다. 성적과는 상관이 없는 과목이라 그랬던 것 같기도 하다. 가장 행복하게 공부한 과목들이었다. 빡빡한 수업에 숨 돌릴 수 있는 수업이 있어 얼마나 좋던지. 학생이라면 다 그렇지않았을까 싶기도 하다. 그렇다고 다른 과목들을 배제한 건 아니었다. 새벽에 일어나 학교에 도착해서 수업하고 밤 10시까지 야간자율학습을 하고 나면 파김치가 되었다. 토요일이 빨리 오기만을 기다렸다. 친구들하고 집에 가면서 수다도 떨고, 떡볶이도 사 먹고 나면 숨통이 트이는 시간이었기 때문이다. 그때는 하루하루가 시간이 너무 느리게 가서 답답했다. 그러나 현재의 하루 시간은 십 년같이 휙휙 지나가버린다. 그런 숨이 트이는 시간이 없었다면 지금 행복하게 그때 시간을 회상하는 일도 없었을 것이다. 약초 동호회에서 강원도로 산행 갔을 때의 이야기이다. 새벽 1시에 출발해서 도착하면 6시쯤 된다. 그때부터 산행이 시작된다. 답답했던 도시에서 벗어나 산속으로 들어가 산행하면 기분이 상쾌해지고 행복해진다. 이 순간들을 사랑하는 사람들과 함께 느낄 수 있으면 얼마나 좋을까. 도시에서는 맡을 수 없는 흙냄새도 나고 신기한 들풀에 시선이 간다. 사람들이 없는 호젓한 길에 자연의 냄새를 맡으며 걸으니 저절로 숨이 쉬어지며 콧노래가 흥얼거려진다. 행복이 별거 아니라는 생각이 든다. 행복을 느낄 수 있는 마음가짐이 중요하다는 걸 새삼 깨닫는다.

구불구불 산길을 걷다 앞에 가던 K가 갑자기 "앗! 산삼이다."라고 소리쳤다. 계곡가에 비스듬히 걸쳐져 있는 산삼을 발견한 것이다. 너무 신기해서 두 눈이 동그래졌다. 졸지에 K는 심마니꾼이 되었다. 산에서 산삼을 만나니 사람들이 산신령이 도우셨냐, 착한 일을 많이 했냐고 K에게 물어본다. K의 대답이 걸작이다. 눈을 크게 뜨고 걸었더니 보게 되었다고 한다. 다들 한바탕 웃었다. K 덕분에 웃고, 같이 산행한 회원들과 함께 웃으니 두 배로 행복한 순간이 되었다. 우리를 행복하게 하는 건 산삼이 아니라 우리 자신이라는 걸 깨닫게 된다. 건강만큼 우리의 행복을 지켜주는 건 없는 것 같다. 건강을 한 번 잃어본 사람은 알고 있다. 돈이나 재산은 잃은 후에도 되찾을 수 있지만, 건강은 한번 잃으면 찾기 어렵다. 건강의 소중함은 거듭 강조되어도 지나침이 없다. 건강하지 않으면 숨을 잘 쉴 수도 없다. 걷지도 못하고 뛰지도 못한다. 숨을 쉴 수 없다면 돈이 있어도 소용없다. 건강이 행복의 가장 중요한 요인이다. 우리의 소중하고 행복한 삶이란 그냥 얻어지는 것이라곤 단 하나도 없다. 농부의 땀에 의해 곡식이 얻어지듯 건강한 삶과 행복도 자신의 부단한 노력에서 얻어진다. 나 자신에 관한 생각과 믿음이야말로, 행복을 결정짓는 가장 중요한 요소이다. 다만 그런 사실을 어떻게 이해하고 실천하느냐 하는 것이 행복으로 가는 최상의 방법이요 열쇠라는 것, 그것이 문제일 따름이다. 사람이 건강해지고 행복해지기 위해서는 스스로 자기 자신을 믿는 마음가짐이 무엇보다 중요하다. 우리가 행복하다고 생각하면 그것으로 충분하다. 행복한 마음이 들어야 숨통이 트이고 어려운 일도 극복할 수 있다. 인생을 기쁨이 충만하고 즐겁게 살아갈 힘을 길러주는 행복이 있다는 것을 알아주면 좋겠다. 행복은 멀리 있는 것이 아니라 가까이에 있다는 걸 명심하자. 숨을 쉴 수 있는 한 행복은 우리 곁에 있다는 것이다. 행복을 위한 지침서, 달라이 라마의 저서 『행복론』의 말을 들어보자.

"삶의 목표는 행복에 있다. 종교를 믿든 안 믿든 또는 어떤 종교를 믿든 우리는 모두 언제나, 더 나은 삶을 추구하고 있다. 따라서 우리의 삶은 근본적으로 행복을 향해 나아가고 있다는 것이다. 그 행복은 각자의 마음 안에 있다는 것이 나의 변함없는 믿음이다."

05

# 두드려라, 그러면 행복이 열릴 것이다

"일어서세요. 두 팔을 높이 올리세요. 따라 외쳐보세요. 나는 건강하다! 나는 행복하다! 나는 너무 멋있다!"

– W. 클레멘트 스톤

모닝 루틴으로 하루를 행복하게 시작한다. '감사합니다' 100번, 감사일기 5줄, 명상, 필사. 그리고 버터플라이 허그를 한다. 버터플라이 허그는 두 팔을 교차해서 손이 나비 모양이 되도록 한다. 두 손을 가슴에 올려두고 3분 정도 눈을 지그시 감는다. 나비 모양으로 왼손은 오른쪽 가슴에 오른손은 왼쪽 가슴에 올리고 양손을 번갈아가며 가슴을 가볍게 두드린다. 마치 나비가 날갯짓하듯이. 나를 위로하고 치유하니 몸과 마음이 편안해진다.

행복도 그냥 주는 게 아닌 것 같다. 열심히 두드려야만 주는 것 같다. 찔끔찔끔 두드리면 안 될 것이다. 끊임없이 계속 줄 때까지 두드려야만 할 것이다. 우는 아이에게 젖 준다는 말이 있다. 세상의 법칙은 두드리지 않는데 그냥 열리는 건 없다고 했다. 계속 두드려라, 그러면 열릴 것이니까.

"두드려라, 그러면 행복의 문이 열릴 것이다."를 실천해서 우리를 놀라게 한 사람이 있다. 농부의 아들, 골프선수 양용은의 승리는 전 세계가 놀랄 일이었다. 무명의 한국 선수가 세계 1위 타이거 우즈를 역전승으로 이겼기 때문이었다. 그가 지속해서 노력하는 모습은 무척이나 감동적이다. 골프 연습장에서 공을 줍는 아르바이트를 하며 골프선수들의 동작을 눈으로 익히며 골프를 배웠다는 것이다. 그는 노력으로 골프선수가 되었던 것이었다. 그는 세상의 법칙을 잘 알고 있는 사람인 것이다. 늦게 시작한 골프에서도, 삶의 우여곡절 속에서도 좌절을 모르고 포기하지 않고 지혜롭게 행복을 골프에 맞추었기 때문이다. 그는 계속해서 골프 대회를 두드렸다. 좋은 성적을 내기도 했지만, 그렇지 못할 때도 있었다. 타이거 우즈를 이기고 전 세계의 이목을 집중시키고, 세계적인 선수가 되었다. 그는 좌절하지 않고 낙담하지 않으며 계속 훈련하고 도전해서 타이거 우즈를 이기는 주인공이 되었다는 것이다. 그의 엄청난 노력과 용기, 그리고 패기는 그 누구도 해내지 못한 값진 결과를 이루어낸 것이었다.

부동산 재벌 도널드 트럼프의 핵심은 공부이다. 하루에 4시간 자고 28시간을 책을 읽는다고 한다. 도널드 트럼프가 부동산 재벌로 명성을 날리던 최고의 시절에 있었던 일화이다. 어느 한 사업가가 거액을 투자할 곳이 없다며 도널드 트럼프를 찾아왔다. 투자자는 도널드 트럼프에게 첫 마디의 입을 열었다. "맨해튼에 새로운 빌딩을 짓는다고 들었는데 거기에 투자하면 어떨까요?" 그러자 도널드 트럼프는 뉴욕시가 어떤 규칙으로 구역을 나누고 있는지 알고 하냐고 반문하였다. 투자자는 "잘 모르겠다."라고 대답했다. 도널드 트럼프는 그에게 "돈을 절대 투자하지 마라! 당신이 확실하지 않은 곳에 돈을 투자하는 건 옳지 못하다. 당신이 모르고 있는 분야에 돈을 투자한다는 그 생각은 이미 다른 사람에게 돈을 주는 것과 같다고 보면 된다."라고 말했다. 트럼프는 이미지와 다르게 굉장한 독서광이다. '아는 것이 곧 돈이다.'라는 신념을 가지고 언제나 책을 가까이한다고 한다. 도널드 트럼프는 "나의 성공은 거저 주어진 것이 아니다. 노력하여, 오로지 공부하고 또 공부를 통해 이 자리에 이르게 된 것뿐이다. 다시 말하자면 나는 돈을 벌기 위해 공부하고, 또 공부했다."라고 했다.도널드 트럼프의 전용기에는 도서관이 있고, 중요한 책들을 정리하고 보고하는 직원이 따로 있다고 한다. 그의 모습은 보기와는 정말 다른 것 같았다. 리버티 대학 졸업식 연설을 보면 꿈과 희망을 심어주는, "절대로 포기하지 마세요."라는 메시지를 전하는 너무 훌륭한 연설이었다. 도널드 트럼프에게는 이 말이 딱 맞는 것 같다. 노력은 배신하지 않는다. 한번 두드리면 끝까지 밀어붙이고 절대 포기하지 않는 굳은 신념이 도널드 트럼프를 부동산 재벌과 미국 대통령이 되게 만들었다는 생각이 든다. "오랫동안 꿈을 그리는 사람은, 마침내 그 꿈을 닮아간다."라고 한 프랑스의 소설가이자 정치가인 앙드레 말로의 명언이 있다. 힘든 상황 속에서 한 번 실패하였다거나 다른 사람보다 인생의 전진 속도가 느려도 조용히 자기의 일에 최선을 다하며 자신만의 길을 가다 보면 결국 성공할 수 있다고 생각한다. 또 한 시기가 늦었다고 생각하기보다는 묵묵히 자신의 자리에서 성심을 다하고 준비를 한 자에게는 항상 기회가 주어진다고 믿고 있다.

이리나 리의 저서 『그래도 끝까지 포기하지 마』에서 라면왕 이철호는 10대 때는 미군 부대에서 하우스 보이라는 심부름꾼을 했다. 6.25 전쟁으로 포탄 파편이 몸에 박히면서 마흔세 번째 다리 수술을 받으러 최초의 노르웨이로 가는 한국인이 되었으며, 불편한 몸을 이끌고 갖은 고생을 하면서 52세에 요리사로 성공하였다. 많은 실패 속에 라면 하나로 노르웨이 초등학교, 고등학교 교과서에도 실린 성공하고 존경받는 국민 영웅이 되었다는 것이다. "한 번 찍어서 넘어가는 나무는 없다. 정말 욕심이 나면 넘어갈 때까지 찍어야 한다는 것이다. 아무리 문전박대를 해도 나는 굳건히 찾아가고 또 찾아갔다. 비즈니스에서 체면이나 자존심부터 세우려고 하면 아무것도 할 수가 없다.", "시도하는 중에 실패하는 것은 실패가 아니다. 시도조차 해보지 않은 상태에서 포기하는 것만이 유일한 실패다."라는 말을 했다. 라면왕 이철호는 어려울 때나 풍족할 때나 삶을 대하는 시선과 태도가 가장 중요하다고 강조했다. 끊임없이 노력하는 사람에겐 언젠가는 풍요와 부유함이 찾아오는 건 당연한 일인 것 같다. 라면왕 이철호는 절망적인 상황에서 희망을 품은 긍정적인 힘을 믿었다고 한다. 그는 끈기를 가지고 삶을 개척하고 꿈을 향해 도전하는 사람이었다. 그는 끝을 보기 전에는 절대로 포기를 하지 않는 태도로 계속 원하는 것을 향해 걸어갔다고 한다.

네이버 '잡스엔'에 실린 '전설의 수험생'으로 불리는 전효진 강사는 "정신만 똑바로 차리면 1년 만에 공무원 시험에 합격할 수 있다."라고 외친다. 노량진 공단기 학원에서 행정법, 헌법을 가르치는 그는 서울대 경영대 시절 사법고시를 2년 만에 합격했다고 한다. 대기업에서 사내 변호사로 일하다 공무원 시험 강사로 변신했다고 한다. 지금은 2000여 명의 공시생을 가르치는 이른바 '일타강사'다. '일타강사'란 일등 스타 강사를 줄인 말이다. 그녀의 부모님은 마트 직원, 화장품 판매원, 자동차 판매원 등 힘든 일을 많이 했다고 한다. 고시 공부를 할 때도 과외를 병행해 돈을 벌어야 했다고 한다. 독하게 공부해 결국, 사시 합격으로 인생역전에 성공했다고 한다. 그녀는 사시 공부할 때 아침 6시 45분에 일어나서 7시에 셔틀을 타고, 7시 15분부터 공부를 시작했다고 했다. 아침에 일어나서 준비하면 책상에 앉는 데까지 2시간이 걸려 그날 시간이 다 날아가버리니 시간이 너무 아까워 밤에 미리 옷을 다 챙겨 입고 잤다고 했다. 사람이 할 수 있는 최대 능력치는 어디까지일까? 그녀의 성공 이야기를 읽으며 나는 그녀가 더 포기할 것이 없어 죽을 만큼 노력했던 사람이었으리라는 생각이 들었다. 그녀의 말은 쉽게 포기하는 사람들에게, 포기하지 말고, 할 수 있다고 힘을 실어주는 응원이었다. 이 세상에 태어나 한 번쯤 최선을 다해, 전력을 다해 살아보는 것도 행복한 일이 아닐까 싶다. 행복의 문은 우리의 경험으로 보아선 그냥 앉아서 기다린다고 열리는 것은 아닌 것 같다. 두드리고 또 두드려야 열리기 때문이다. 감나무 아래 입 벌리고 누워 홍시가 떨어질 때까지 기다리는 것은 바보 같은 일이다. 직접 나무에 올라가서 홍시를 따도록 해야 할 것이다. 행복은 스스로 두드리는 사람에게 열릴 것이기 때문이다. 현재의 나는 내가 살아온 날들보다 두 배의 최선을 다해 행복을 두드리고 있다. '두드려라, 그러면 행복이 열릴 것이다'를 열심히 실천에 옮기는 경험을 하는 중이기 때문이다.

성경 구절 마태복음 7장 7절과 8절의 말을 기억해보자.

"구하라. 그러면 받을 것이다. 찾아라. 그러면 찾을 것이다. 문을 두드려라. 그러면 열릴 것이다. 누구든지 구하는 사람은 받을 것이며 찾는 사람은 찾을 것이요 두드리는 사람에게는 열릴 것이다."

06

## 긍정과 함께 걱정이 사라지다

"지난달에는 무슨 걱정을 했었지? 작년에는? 그것 봐라. 기억조차도 못하고 있잖니. 그러니까 오늘 네가 걱정하고 있는 것도, 별로 걱정할 일이 아닌 거야. 잊어버려라. 내일을 향해 사는 거야."

– 리 아이아코카

오늘 저녁 반찬이 걱정이다. 뭘 해 먹지? 뭐가 좋을까? 김치찌개? 된장찌개? 매일 반찬과의 전쟁이다. 무엇이든지 잘 먹는데도 걱정이다. 며칠 전에 만든 걱정 인형에게 걱정을 넘겨야겠다. 걱정 인형이 '걱정은 내게 맡겨! 넌 잠이나 자!'라고 외쳐준다. 우리가 얼마나 걱정을 하면 걱정 인형이 다 나왔는지…. 그래도 나 대신에 걱정해주는 인형이 있으니 왠지 내 마음이 가벼워진다. "이 인형에게 소원을 말해. 너의 문제를 말해.

너의 꿈을 말해. 그리고 네가 깨어나면, 네 꿈이 현실로 이루어지는 마술을 경험하게 될 거야."

『초인대사들이 답해주는 100문 100답』 내용 중에 사람의 수명은 정해져 태어난다는 말이 나온다. 정해진 수명을 쓸데없이 걱정하며 살 시간이 없다는 생각이 든다. 우리가 이 지구별에 훈련하러 머무는 동안 잘 살고 가야 하기 때문이다. 쓸데없는 걱정으로 시간을 보내지 말기로 하자. 절대 긍정적인 생각만 해도 시간이 모자라기 때문이다.

제2차 세계대전 당시 한 헝가리부대는 알프스산맥에서 길을 잃었다. 모두가 혹독한 추위와 폭설로 절망에 빠졌으나 다행히 한 병사가 배낭에서 구겨진 지도를 발견해 알프스산맥에서 빠져나올 수 있었다. 그런데 나중에 보니 이 지도는 알프스산맥이 아닌 피레네산맥 지도였다. 엉뚱한 지도가 부대원들에게 희망을 불어넣어 생명을 살린 것이었다. 엉뚱한 지도 한 장이 부대원들에게 살 수 있다는 희망을 품게 했고 걱정을 없애게 했다는 것이다. 지도가 없었다면 살아 있는 부대원들이 있었을까? 불안과 공포 속에서 다들 자폭했을 것이다. 지푸라기라도 잡고 싶은 심정에 실낱같은 희망인 지도가 있어 무사히 돌아올 수 있었다고 한다. 한 장의 지도가 집으로 데려다줄 수 있을 거라는 실낱같은 희망이 길을 잃은 부대원들을 살릴 수 있었다고 했다. 교육부 블로그에 긍정의 말이 주는 힘에 대한 글이 있었다. 학생 A는 중간고사 성적을 받은 후, 작년에 반해 월등하게 떨어진 성적 탓에 낙담하여 의기소침해졌다. 그 후, 담임 선생님과의 상담에서 "이번 시험이 너의 인생의 전부는 아니란다. 평소에도 열심히 공부하는 너의 모습은 아주 멋있단다. 그건 선생님도 본받고 싶은 너의 장점이란다. 이번 시험을 계기로 더 분발해서 열심히 한다면, 더 좋은 성적을 받을 수 있을 거야."라는 조언을 들었다. 선생님과의 상담 후에도 계속되는 선생님의 격려에 A는 긍정적인 마음을 갖게 되었고, 열심히 노력하여 기말고사에서 높은 점수를 받아 전교 10등이라는 쾌거를 이루었다고 했다. "칭찬은 고래도 춤추게 한다."라는 말이 있다. 학생에 대한 선생님의 칭찬은 학생을 춤추게 했다. 긍정의 말로 기대를 하고 있다는 선생님의 말씀은 학생이 선생님에 대한 기대를 떨어뜨리지 않기 위해 열심히 할 수 있게 한다.

말이란 '아'와 '어'가 다르다. 말은 긍정적이냐 부정적이냐에 따라 반응이 달라진다. 상대방이 기분 나쁘게 말하면 기분 나빠지고 기분 좋게 하면 기분이 좋아진다. 그래서 긍정의 말을 하거나 듣거나 기분이 올라가는 것이다. 이순신 장군의 "신에게는 아직도 12척의 배가 남아 있습니다."라는 말 속에서 절대 긍정적인 그의 성품이 나타난다. 이순신 장군은 평소 '기쁘다', '다행이다', '해낼 수 있다'라는 표현을 자주 썼다고 한다. 장군이 쓴 『난중일기』를 보면 잘 나타나 있다고 했다. 어느 때보다 코로나 시국에 긍정적인 시각과 희망이 절실해진다. 당시 상황은 불안했지만, 이순신 장군은 긍정적인 면을 먼저 봤다고 한다. 위기 속에서도 희망을 떠올렸다. "살고자 하면 죽을 것이고, 죽고자 하면 살 것이다."라는 이순신 장군의 말은 오늘이 마지막 날인 것처럼, 최선을 다해 살아가라는 긍정의 의미였던 것 같다. 이루려고 하는 일을 포기하지 않고, 희망을 갖춰 추진하면 이룰 수 있다는 뜻이었다. 이순신 장군은 두렵지는 않았을까? 아니다. 그도 두려워했을 것이다. 이순신 장군이 『난중일기』를 썼다는 사실이 바로 그러했다는 것을 보여준다. 진정한 행복의 기준을 만들기 위해 이순신 장군은 『난중일기』를 썼고, 백범 김구는 『백범일지』를 썼다.

우리도 행복 기준을 만들기 위해서 오늘부터 당장 감사일기를 써 보는 건 어떨까? 모닝루틴으로 감사일기를 쓰고 있으니 독자들도 나와 같이 모닝루틴으로 시작해보는 것도 흥미로 울 것 같다. 모닝루틴도 좋고 밤에 잠들기 전에도 좋다. 감사일기를 같이 공유해보는 것도 좋은 일인 것 같다.

어릴 때 나는 잠들 때마다 할머니에게 옛날이야기를 해달라고 했다. 잠들기 전에 눈감기가 너무 어려웠다. 눈감으면 무서운 귀신이 나올 것 같아서 걱정스러워 눈을 감지 못했다. 잠은 오는데 눈감기는 무섭고, 할머니의 옛날이야기를 듣다가 눈을 뜨면 아침이 되어 있었다. 밤에 할머니의 손을 꼭 잡고 옛날이야기를 들으면서 자면 아무 걱정 없이 눈이 스르르 감기는 게 신기했다. 무섭지도 않고 잠을 푹 잘 자게 되는 것도 놀라울 뿐이었다. 우리 할머니의 옛날이야기는 잠자리의 걱정이 사라지게 하는 마법의 주문이었다. 오지브와 부족의 드림캐처처럼 나쁜 꿈을 꾸지 않도록 지켜주는 따뜻한 사랑의 마음이었다.

친구는 텃밭 농사를 지으면서 걱정을 사서 하고 있다. 비가 오면 비가 와서 걱정, 안 오면 안 와서 걱정. 벌레가 채소들을 망칠까 봐 벌레 잡는다고 걱정이다. 걱정으로 하루를 살아가는 사람같이 변하고 있다. 친구에게 걱정할 거면 아예 텃밭을 하지 말라고 얘기했더니 그건 아니란다. 싱싱한 채소를 유기농으로 먹을 수 있으니 얼마나 좋은지 모른다고 한다. 걱정하는 마음을 가지고 텃밭에 가면 채소들이 건강하게 자라지 못할 것 같기 때문이다. 텃밭 걱정으로 힘들이지 말고 편하게 살라 하니, 텃밭 가꾸는 게 정서적으로 행복하고 걱정이 사라진다고 했다. 친구는 지금도 행복한 마음으로 텃밭으로 향하고 있다. 크라이슬러 CEO 리 아이아코카는 늘 긍정적인 생각을 하는 사람으로 유명했다. 그는 걱정하고 불안해하는 습관을 버리라고 늘 사람들에게 이야기했다. "지난달에는 무슨 걱정을 했었지? 작년에는? 그것 봐라. 기억조차 못 하고 있지 않니. 그러니까 오늘 네가 걱정하고 있는 것도, 별로 걱정할 일이 아닌 거야.

잊어버려. 내일을 향해 사는 거야." 우리는 쓸데없는 걱정으로 자신을 힘들게 하고 있다. 걱정한다고 해서 해결될 문제는 없다. 건강을 해치고 정신만 피폐하게 만든다. 지금 당장은 세상이 다 무너질 듯 크게 느껴져도 시간이 흐르고 나면 언제 그런 일이 있었지 하며 추억으로 넘길 수 있다. 걱정도 팔자라는 말이 있다. 얼마나 쓸데없는 걱정들을 많이 하면 이런 속담이 생겼을까.

우리 할머니는 된장 항아리를 열어둘 때마다 "비 오면 어떡하지?"라고 걱정하셨다. 하늘은 구름 한 점 없는 화창한 날씨였는데도 불구하고 그런 걱정을 했다. 일어나지도 않은 일을 걱정할 필요도 없고 현재의 일어나는 일에만 집중해야 한다. 어니 젤린스키는 '쓸데없는 걱정'이라는 글에서 우리가 하는 걱정거리의 40%는 절대로 일어나지 않는 일의 걱정이고 30%는 이미 일어난 일에 대한 걱정이고 22%는 사소한 것에 대한 걱정이며 4%는 우리가 어떻게 바꿀 수 없는 일에 대한 걱정이라고 했다. 즉, 96%는 쓸데없는 걱정인 것이다. 걱정에 시간 낭비해서는 안 된다. 우리는 밝은 미래를 위해서 계획을 세우고 그 목표를 달성하기 위해 열심히 노력해야 하기 때문이다. 일어나지도 않은 일에 대해서 미리 걱정하면서 살아갈 필요는 없을 것이다. 사서 걱정이 아니라 사서 긍정을 해야 한다. 긍정과 함께 걱정이 사라지게 될 것이다.

07

## 인생을 바꾸는 기적의 긍정 습관

하브 에커는 저서 『백만장자 시크릿』에서 "인간이 습관의 동물이라는 것은 익히 아는 사실이다. 그런데 습관의 종류가 두 가지라는 점은 잘 모르는 것 같다. '하는 습관'이 있고 '하지 않는 습관'이 있다. 당신이 지금 하고 있지 않은 것들은, 모두 '하지 않는 습관'이다. '하지 않는 습관'을 '하는 습관'으로 바꾸려면 그 행동을 하는 수밖에 없다. 책을 읽는 것도 좋지만 읽는 행위와 그것을 행동으로 옮기는 행위는 전혀 다른 차원이다. 진심으로 성공하고 싶거든 그것을 증명해 보여라. '행동하라!'"라고 조언했다. 부자들의 인생을 바꾼 기적의 긍정 습관 중에서 한 가지는 일찍 일어나기라고 한다. 자수성가한 억만장자들은 대부분 일찍 일어나는 습관을 자신들이 성공한 요인으로 꼽는다. 세상이 깨어나는 이른 시간에는 원시적인 기운 같은 게 감돈다고 한다. 자신을 위한 명상도 할 수 있고, 방해

받지 않고 일할 수 있어서 좋다고 한다.

전 세계 부자 중의 한 명인 워렌 버핏, 그의 엄청난 성공에도 역시 이러한 '루틴'이 작용했다. 그는 매일 일찍 일어나 오전 8시 반까지 꼬박꼬박 출근한다. 매일 신문과 투자 보고서, 각종 책 등 500페이지를 읽는 것으로, 하루의 80%의 시간을 보낸다고 알려져 있다. 아침은 출근길에 자동차 안에서 주문한 맥도날드 햄버거를 사무실에서 자신이 투자한 코카콜라와 함께 먹는다. 그는 매일 체리 콜라를 여섯 캔씩 마신다. 버핏이 매년 하는 점심 식사 경매에서 얻은 수익금은 빈민재단에 고스란히 기부된다. 그는 자신이 번 돈의 80%를 어렵고 소외된 이웃을 돕는 데 쓰고 있다는 것이다.

버핏의 오랜 노력은 바로 '습관', '모닝루틴'이다.

『백만장자 시크릿』에서 하브 에커는 우리는 부자들을 욕하는 경우가 있는데, 부자를 미워하는 것은 무일푼 상태로 남는 제일 확실한 방법이라고 한다. 부자를 축복하고 사랑하는 훈련을 해야 한다고 한다. 이것이 무의식에 배어들면 내가 부자가 되었을 때 다른 사람들도 우리에게 감탄하고 축복하고 사랑할 것이다. 하와이에는 예로부터 전해져오는 후나 철학이 있다. "네가 원하는 것을 축복하라."라는 가르침이다. "아름다운 집을 가진 사람을 보면 그 사람과 그 집을 축복하라. 멋진 자동차를 가진 사람을 보거든 그 사람과 그 차를 축복하라. 따뜻한 가정을 지닌 사람을 보거든 그 사람과 그 가정을 축복하라. 몸매 좋은 사람을 보거든 그 사람과 그 몸을 축복하라."라고 조언했다. 가난한 의식으로 한때 나도 부자들을 욕한 적이 있었다. 그들의 성공은 태어날 때부터 그들이 금수저였기에 가능했다고 생각했기 때문이다. 그러나 그건 잘못된 생각이었다. 부자들은 엄청 긍정적인 사람들이다. 규칙적인 습관을 매일 해나가고 자신이 세운 규율에서 벗어나지 않고 많은 시간을 긍정적인 곳에 쓰고 있었다. 비가 오나 눈이 오나 그들은 365일, 규칙적으로 좋은 습관을 유지해 가는 것이었다. 긍정적인 사고로 사물을 바라보고 사람들을 대했으며 긍정적인 사람끼리 모여 긍정의 에너지를 낸다는 것이다.

인생을 바꾸는 기적의 습관은 건강을 지켜주는 운동이다. 건강하지 않다면 돈이 아무리 많아도 행복하지 않을 것이다. 호주의 억만장자 잭 코윈은 건강에 대해서 "건강을 잃으면 다른 건 아무것도 중요하지 않다. 건강이 가장 중요하다. 당신이 얼마나 부자인지, 얼마나 중요한 인물인지, 얼마나 많은 힘을 가졌는지는 상관없다. 건강을 잃으면 다른 건 아무것도 필요하지 않기 때문이다."라고 그 중요성에 대해 말했다. 부자들은 나이에 상관없이 규칙적으로 운동한다고 했다. 노르웨이의 억만장자 페터 스토달렌은 매일 아침 아내와 함께 10km를 달린다고 한다. 심지어 공항에서 새벽 6시에 비행기를 타야 한다면 새벽 3시에 일어나서 달리고 간다고 했다. 꾸준한 운동이 중요하다고 했다. 오프라 윈프리도 아침에 눈을 뜨면 자신의 집에 있는 체육관에서 50분씩 운동을 한다고 했다. 꾸준하고 규칙적인 습관이 인생을 바꿔주는 요소이기 때문인 것 같다. 운동은 우리의 몸과 마음을 지켜주는 강력한 기적의 습관이고 꼭 해야 하는 루틴이다.

어차피 꿀 거라면 큰 꿈을 꿔라. 자수성가한 부자는 최고의 독서를 성공을 위한 최고의 습관으로 꼽고 있다. 우리를 억누르는 한계를 깨고 더 큰 일을 하자. 중국의 월트 디즈니라고 불리는 차오더왕은 초등학교 5학년까지 다니다가 학교생활이 맞지 않아 퇴학을 당했다고 했다. 중국에서 초등학교 5학년 다니다가 그만두면 문맹이 될 확률이 100%라고 한다. 차오더왕은 14세까지 문맹이었다고 한다. 독학자인 차오더왕은 성공하려면 책을 읽으라고 했다. 특히 일을 올바르게 처리하는 방법과 좋은 사람이 되는 방법에 관한 책을 많이 읽으라고 했다. 가치 있는 책을 골라 읽으라고 했다. 그는 독서를 최고의 습관이라고 했다. 차오더왕은 "나는 성공을 거두기 위해 계속 남아서 차근차근 일했다. 절대 포기하고 싶지 않았고 '난 결국 패배할 거야'라는 말도 하고 싶지 않았다. 가난에서 벗어나는 것과 좋은 삶을 살도록 노력하는 것. 그게 내가 정한 방향이었다." 우리가 가진 유일한 무기는 바로 '긍정'적인 생각과 태도이다. 중국의 억만장자 차오더왕은 힘든 시절에도 꿈을 꾸며 긍정적인 생각과 태도로 삶의 원동력을 배우고, 인생을 점점 더 좋은 방향으로 나아가게 했다는 것이다. 우리도 언제 어디서나 실천할 수 있는 긍정 습관으로 자신의 무기를 강력하게 키워나가면 기적을 이룰 것이다.

자신에게 열정을 쏟아라. 마이클 조던의 명언에는 "나는 내 경력에서 9,000번 이상 슛을 넣지 못했다. 거의 300경기에서 졌는데, 26경기에선 경기를 뒤집을 수 있다는 기대를 받고 던진 슛이 실패했다. 나는 삶에서 실패를 거듭 되풀이했다. 이것이 내가 성공한, 이유다."라는 말이 있다. 조던은 지금까지 줄곧 숱한 실패가 바로 성공의 조건이라고 말한다. 목표를 세워 그것을 성취하려는 노력을 끊임없이 했다는 것이다. 조던은 실패에서 찾은 긍정적인 생각이 기적을 만들었다고 했다. 열정은 우리가 해야 할 일을 끝까지 할 수 있게 해주는 모터 펌프이다. 해야 할 일이 무엇인지 안다면 그것을 얻어내기 위해 끝까지 가야 할 것이다. 열정은 강한 전파력을 가지고 있어서 상대방에게도 전해진다. 지금의 나는 열정이 한껏 올라 있다. 책을 씀으로써 저자가 될 수 있었기 때문이다. 그리고 1인 창업으로 메신저가 되어 나 자신의 경험 가치가 다른 사람들에게 도움이 될 수 있음을 알려야 하기 때문이다. 열정적인 행동으로, 열정적인 사람으로 인생을 바꾸어가도록 하자. 데이비드 렌즈는 "이 시대 부자들은 모두 긍정주의자다. 그들이 항상 옳아서가 아니라 긍정적인 생각을 품기 때문이다. 심지어 그들이 하는 일이 틀렸을 때도 그들의 태도는 여전히 긍정적이다. 그들의 긍정적 사고야말로 그들이 목적을 달성하도록 하고, 스스로 개선해 결국 성공에 이르게 만든다."라고 했다. 성공한 사람들은 긍정적인 생각을 늘 한다는 것이다. 세상 이치는 모든 일은 자신의 마음 먹기에 달려 있다고 한다. 긍정적인 자기 확신으로 된다고 믿는 일을 밀고 간다는 것이다. 긍정적인 확신으로 조선소를 세운 재계의 거인 고 정주영 회장만큼 많은 일화를 뿌리고 다닌 인물도 드물다고 한다. 초등학교 졸업의 학력에 맨손으로 출발해 우리나라 근대사의 한 페이지를 장식한 현대그룹을 이끌었기에 그의 주변에는 많은 에피소드가 항상 따라 다녔다고 한다.

고 정주영 회장이, '500원짜리 지폐와 초라한 백사장 사진'으로 회자가 되곤 하는 현대중공업의 신화, 현대조선소를 설립할 당시 가장 큰 문제는 돈이었다. 정 회장은 71년 9월 영국 버클레이 은행으로부터 차관을 얻기 위해 런던으로 날아가 A&P 애플 도어의 롱바톰 회장을 만났다. 조선소 설립 경험도 없고, 선주도 나타나지 않은 상황에서 영국 은행의 대답은 한마디로 'NO'였다. 그러나 정 회장은 간단히 물러서지 않았다. 갑자기 바지 주머니에서 500원짜리 지폐를 꺼내 펴보였다. "이 돈을 보시오. 이것이 거북선이오. 우리는 영국보다 300년 전인 1500년대에 이미 철갑선을 만들었소. 단지 쇄국정책으로 인해 산업화가 늦었을 뿐, 그 잠재력은 그대로 갖고 있소."라는 임기응변으로 롱바톰 회장을 감동하게 만들어 차관에 대한 합의를 얻었다고 했다. 고 정주영 회장은 열정과 긍정적인 확신으로 우리나라에 기적을 일으키기에 충분했다. 한 사람의 뚝심과 긍정적인 자세는 한 나라의 경제 부흥을 가능하게 했다. 우리의 인생이 기적처럼 바뀌는 것이, 긍정적 습관이라면 못 바꿀 이유가 없을 것 같다. 지금부터 한 걸음씩 긍정적으로 바꾸어가도록 습관을 길러보자.

마지막으로, 고 정주영 회장의 명언을 기억해보자.

"무슨 일을 시작하든 된다는 확신 90%와 반드시 되게 할 수 있다는 자신감 10% 외에 안 될 수도 있다는 불안은 단 1%도 갖지 않는다."

그가 입에 달고 다녔던 말. "시련은 있으나 실패는 없다." 그리고 불가능하다고만 생각하는 이들에게 했던 말, 바로 "이봐, 해보기나 했어?"

# POSITIVITY

5장

# 하루 한 번<br>긍정으로<br>마음을 챙기다

불안한 삶을 일으켜 세우는 긍정의 기술

01

## 나는 긍정과 연애한다

나는 부정이랑 연애를 꽤 오래 했다. 부정은 나를 초라하게 만들었고 세상을 삐딱하게 보이게 만들었다. 부정은 나를 청개구리로 만들었다. '좋아'가 '싫어'로, '감사'가 '미워'로. 부정이랑 연애할 때는 세상이 어두웠다. 세상 탓만 하는 사람이었다. 인상이 저절로 구겨지고, 짜증과 화가 나서 견딜 수가 없었다. 부정은 내게 내 몸과 마음이 아프기를 강요했다. 부정은 내 인생을 늪에 빠지게 했다. 지금은 부정을 한때 선택했던 내 잘못이 크다는 걸 뼈저리게 느끼고 있다.

두 장애 청년의 이야기이다. 한 청년은 축구, 레슬링, 권투 등 만능선수로 널리 알려진 사람이었다. 그는 1979년 권투 시합에서 사고를 당해 하반신을 못 쓰게 되었다. 의사는 앞으로 몇 년 동안 치료를 받고 보조기를 쓰면 혼자서 걸을 수 있다고 했다. 그러나 그는 친구들에게 산에 데려다 달라고 했다. 정상에 다다르자, 그는 그를 산에 옮겨 준 친구들에게 잠깐만 자리를 피해 달라고 하고는 숨겨 가지고 온 권총으로 자살했다. 그때 그의 나이 겨우 24세였다.

다른 한 청년은 어느 날, 불량배에게 맞아 하반신이 마비되었다. 그러나 그는 굴하지 않는 투지로 노력한 끝에 낙하산 점프의 묘기를 보였고, 특별 장비를 갖춘 자동차를 운전하고 다니며 혼자서 취사, 세탁, 청소 등을 하며 생활했다. 그는 또한, 휠체어 스포츠에 관심을 가지고 이에 관한 세 권의 사진첩을 출간한 바 있다. 사고가 난 상황에서 한 사람은 죽음을 택했고, 한 사람은 생명을 택했다. 긍정과 연애하는 사람과 부정과 연애하는 사람은 너무 다르다. 총으로 자신의 목숨을 잃은 청년은 부정으로 꽉 채워진 청년이어서 너무 안타까울 따름이다. 스스로 굳건하게 일어난 청년은 긍정적인 사고방식을 지니고 있어 자신의 꿈과 연애할 줄 아는 청년이었다. 어떤 상황이 되더라도 부정의 유혹에 넘어가면 안 될 것이다. 부정은 기본 예의도 없게 하고 분노 조절도 안 되게 한다. 시비를 걸어놓고 잘못을 모른다. 아예 부정을 가까이하지 말았으면 한다. 오프라 윈프리의 말이 있다. “여러분을 높이 올려줄 사람만 가까이하세요.”

영국의 존 메이저 수상은 매우 가난한 가정에서 태어났다. 그는 열여섯 살 때 학교를 중퇴하고 가족을 부양하기 위해 노동의 현장에 뛰어들었다. 그는 새벽부터 공사현장에서 콘크리트를 반죽했다. 두 시간의 새벽 노동을 마치고 간단한 토스트로 아침 식사를 했다. 그는 은행의 간부와 정치가로서 명성을 얻은 후에도 서민들이 출입하는 식당을 즐겨 찾았다. 그의 집도 주로 서민층이 밀집된 지역에 있었다. 존 메이어는 수상이 된 후 기자들로부터 고난의 세월을 어떻게 극복했느냐는 질문을 받고 이렇게 대답했다.

"어떤 상황에서도 비관적인 생각을 하지 않았다. 항상 희망을 품고 일하면 부정적인 생각이 사라진다"고 했다. 하늘은 표정이 밝고 긍정적인 마음을 가진 사람에게 복을 내려준다. 부정적인 생각은 소나무를 죽이는 장수 벌레처럼 우리의 몸과 마음을 병들게 할 뿐이다. 어떤 한 친구는 나를 볼 때마다 입이 툭 튀어나와 있다. "무슨 일 있나?"라고 물어보면 없다고 한다. "그럼 왜 항상 인상 쓰냐?"고 하면 "재미있는 일이 없다."라고 한다. "행복에 겨워 요강에 똥을 싸는구나."라는 말이 튀어나왔다. 너무 욕심을 내는 것이 보기에 안쓰럽다. 너무 풍족해서 생기는 병이다. 긍정적인 생각을 가지고 세상을 바라봤으면 좋겠다. 감사하며 사는 삶을 살아야 할 것이다. 감사를 모르면 많은 것이 있어도, 또 아무리 가져다주어도 모자랄 뿐이다. 사업에 실패한 중년 남자가 공원 벤치에 앉아 있었다. 그때 한 소년이 공을 높이 던져 올리는 놀이를 하고 있었다. 사내는 무슨 놀이냐고 소년에게 물었다.

"하나님과 공놀이를 하고 있어요. 내가 공중으로 공을 던지면 하나님이 그것을 받아 다시 내게 던져주세요."

소년의 천진난만한 긍정적인 답변에 그는 자신의 어린 시절을 떠올렸다. 그도 한때는 소년처럼 순진한 사람이었다. 그러나 성장하면서 신앙과 긍정적인 마음을 모두 잃었다. 그는 자신의 죄를 고백하고 다시 사업을 시작해 크게 성공했다. 성공자들은 긍정적인 마음의 소유자들이 많다고 한다. 이 남자는 사업에 비록 실패했지만, 긍정적인 순수한 마음을 가지고 있었던 사람이었기에 사업으로 다시 일어설 수 있었다. 부정적인 마음을 가지고 있었다면 어린 시절의 순수했던 마음을 다시 찾을 수 없었을지도 모른다. 그리고 사업을 새롭게 일으킬 수도 없었을 것이다. 긍정은 우리에게 다시 힘을 낼 수 있는 든든한 버팀목이다.

크리스토퍼 콜럼버스는 신대륙을 향해 떠났다. 선원들은 매일 날씨와 환경을 탓하며 불평을 터뜨렸다. 그러나 그의 항해일지는 항상 다음과 같은 글로 하루를 마감하고 있었다. "오늘도 우리는 서쪽으로 전진했다." 신대륙을 발견한 콜럼버스는 얼마나 기뻤을까. 역사를 창조한 인물이다. 긍정적인 관점으로 사람들을 보살피며 신대륙을 찾기 위해 배를 지휘해야 했을 것 같다. 신대륙을 발견하기까지 부정적인 생각은 전혀 하지 않았을 것 같다. 콜럼버스의 신대륙 발견 역사는 긍정의 관점과 긍정의 지도자가 찾아간 기적의 땅이었다.

'왜 이런 일들이 나에게만 일어나는 거지?'라고 생각한 적이 있었던가? 나는 이런 생각을 한 적이 있었다. 내게 의사가 암이라고 했을 때, '왜 이런 엄청난 일이 내게 일어나는 거지? 내가 전생에 무슨 잘못을 했기에.'라고 화도 나고 이 세상이 미웠다.

'도대체 암은 왜 내게로 왔을까? 암을 통해 나에게 주려는 교훈은 무엇일까?'라는 생각도 들었다. 암에 걸린 사람들을 분석한 결과는 착한 사람들이 암이 많이 걸린다고 한다. '좋은 게 좋은 것이다.'라며 살아온 사람들이 많이 걸린다고 한다. 착해서 암에 걸린다니 너무 착해도 문제가 되는 것일까. 속에 할 말을 두고, 못 하고 살았으니 병이 왔는지도 모를 일이다. '암을 통해 나에게 주려는 교훈은 무엇이었을까?' 하고 가만히 생각해보니 지금껏 쉼 없던 내 몸을 쉬게 하는 휴식을 준 것 같다.

제대로 쉬어본 적 없는 나는 몸을 움직여서 몸을 이완시키고, 굳은 어깨를 부드럽게 만들기 시작했다. 마음을 안정하는 연습을 하니 마음도 편안해졌다. 몸을 움직일 때마다 '후드득' 소리가 났다. 내 몸이 움직여줘서 '고마워' 인사를 하는 것 같았다. 나의 뇌리를 꽉 채운 부정적인 생각들을 긍정적으로 바꿔 세상과 대면하라고 하는 것 같았다. 긍정과는 제대로 대면을 해본 적이 없고 피하기만 한 것 같다. 긍정과 연애를 다시 시도해봐야 할 것 같다.

1968년 6월 미국 컬럼비아 대학교 심리학 교수팀은 매우 흥미로운 실험을 시도했다. 길거리에 지갑을 떨어뜨린 후 그 속의 신분증을 주인에게 돌려주는 사람이 얼마나 되는가를 확인했다고 한다. 그 결과 약 45%의 신분증이 주인에게 되돌아갔다. 그런데 한 가지 놀라운 사실이 발견됐다. 6월 4일은 단 하나의 신분증도 주인에게 되돌아오지 않았다고 한다. 그날은 바로 미국의 차기 대통령 후보로 가장 유력했던 로버트 케네디가 괴한에게 암살당한 날이었다. 심리학자들은 여기에서 중요한 사실을 발견했다. 한 가지 나쁜 소식이 사람들의 행동을 부정적으로 만든다는 것이다. 부정적이고 비관적인 소식은 전염성이 강해서 금방 전체 분위기를 침울하게 만든다고 한다. 또한, 좋은 소식은 사람들에게 희망과 용기를 준다. 인간의 삶은 그 출발점을 '부정'과 '긍정' 중 어디에 두었느냐에 따라 확연하게 달라진다고 했다. 우리는 가끔 올라오는 부정적인 생각을 억지로라도 긍정적인 생각으로 바꿔줘야 한다. 부정을 생각하면 부정만 가득 찬 생각으로 마음이 물들어가는 걸 알 수 있다. '부정'과 '긍정' 둘 중에 어느 것과 더 친한가에 따라 우리의 인생은 달라진다. 사랑을 생각하면 사랑이, 행복을 생각하면 행복이, 기쁨을 생각하면 기쁨이, 우리가 생각하는 대로 우리의 의식은 변해간다. 우리의 의식은 항상 긍정

모드로 작동되게 온 스위치를 켜놓아야 한다. 우리의 의식은 내가 한 말을 곧이곧대로 알아듣는다. "부자가 될 거야." 하면 기분 좋은 소식이 들어왔다고 빠르게 판단해서 빠르게 우리 의식에 전달시킨다는 것이다. 그러면 우리 의식은 기분 좋게 "아! 알겠어, 당장 부자로 준비시키자."라고 직설적으로 바로 알아듣고 준비한다고 한다. 우리 의식은 걸러서 듣는 게 없다고 한다.

옛 속담에 "말이 씨가 된다."라는 말이 있다. 그만큼 말이 무섭다는 것이다. 자나 깨나 말조심하라고 어른들이 말씀하시는 걸 이제야 알았으니. 지금 당장 우리 의식에 긍정의 씨를 심어, 긍정의 싹이 나고, 긍정의 꽃이 피어, 긍정의 열매가 맺어지도록 하자. 긍정의 의식으로 성공하는 삶이 되었으면 하기 때문이다. 현재의 순간순간을 긍정적으로 살아가도록 노력을 해야만 할 것이다. 영원히, 나는 긍정과 연애해서 꿈을 심어주는 백만장자 메신저가 되어, 꿈꾸는 사람들의 꿈을 이루게 해주는 사람이 되도록 할 것이다.

02

## 걱정만 하는 바보에게 미래는 없다

"바람이 완벽한 날에는 그저 배의 돛을 활짝 올려라. 세상은 아름다움으로 가득하다. 오늘이 바로 그날이다."

– 루미

우리가 삶을 살다 보면 인생의 굴곡이 찾아오기도 한다. 이 인생의 굴곡은 걱정과 시련도 있지만 새로운 인생역전이 되어 오기도 한다. 이때 걱정과 시련을 잘 극복하면 새로운 삶을 출발할 수 있다고 한다. 절망에 빠진 인생이 될 뻔한, 자신의 삶을 개척한 사람의 이야기가 담긴 책을 우연히 읽었다.

이야기의 주인공은 『절벽 산책』의 저자 돈 슈나이더이다. 그는 미국의 한 지방 대학 교수였는데, 1992년 느닷없이 교수 재임용에서 탈락하면서 실직하게 되었다. 교수직에 대한 미련을 버릴 수 없었던 그는 2년간 101개의 대학에 지원서를 냈으나 모두 퇴짜를 맞았다고 한다. 결국, 그는 빈민에게 제공되는 식량 구매권에 의존하게 되고, 아내가 임신한 아기를 몇천 달러에 입양시킬 궁리를 해야 하는 극한 처지에 이르게 되었다. 그러던 중 그는 지금까지 자신이 추구하던 것들을 가족의 행복과 맞바꿀 수 없다는 사실을 깨달았다. 이후 그는 골프장의 잡역부로, 페인트공으로 일하기 시작했다. 그리하여 그는 솜씨 좋고 성실한 목수 겸 페인트공 돈 슈나이더로 다시 태어났다. 그리고 자신의 생생한 체험을 그린 책을 써내 베스트셀러 작가까지 된 것이다. 실직은 사람을 황폐하게 하고 걱정하게 만든다. 그러나 걱정한다 해서 경제적인 문제가 해결되는 것은 아니다. 돈 슈나이더의 실직은 그를 지금까지 해보지 못한 새로운 직업을 찾아 나서게 했다. 갑자기 만나게 된 인생의 절벽에서 뜻밖의 직업 발견으로 새로운 인생을 찾아낸 것이다. 그는 "지금 행복하다. 일이 있고 아내와 아이들이 기쁘게 지내고 있기 때문이다. 언젠가 내 손으로 가족이 살 집을 짓고 싶다."라고 했다. 새로운 집을 짓겠다는 페인트공 슈나이더의 작은 소망이다. 그는 실직이라는 엄청난 시련을 겪어야 했고 경제적인 걱정으로 고통을 받았으나 걱정을 벗고 또 다른 삶에 도전했기에 새로운 삶을 꿈꿀 수 있었다. 걱정만 하는 바보였다면 그에겐 아무 일도 일어나지 않았을 것이다. 그는 미래란 우리 자신이 어떻게 생각하고 만들어나가느냐에 따라 달라진다는 것을 보여준다. 실직이라는 엄청난 시련 덕분에 새로운 직업을 구하고 자신의 가족이 살 집을 짓고 싶다는 여유까지 가지게 된 것이다. 걱정이 또 새로운 미래의 삶을 창조해낸 것이다.

'이것 배워볼까?', '저것 배워볼까?' 걱정만 하다가 아무것도 못 배우는 친구를 본 적이 있다. '이걸 배워서 취직이나 할 수 있을까?'라며 걱정한다. 어떤 친구가 새로운 무언가를 배운다고 하면 나도 질세라 따라 해놓고는 막상 배우다가 "내겐 안 맞아."라며 때려치우는 친구도 있다. 중국집에 가서 한참을 "뭐 먹지?", "이거 먹을까? 저거 먹을까?" 약 10분 정도 고민하다가 짜장면 먹는다고 하는 친구가 있다. 이 친구에겐 음식 고르는 것조차 걱정이다. 걱정만 하다가 인생 허비하는 사람들을 간혹 볼 수 있다. 우리는 일어나지도 않을 일을 걱정하느라 시간을 다 보낸다. 또 결정장애 때문에 선택하는 시간에 세월을 다 보낸다. 나도 걱정만 하다가 늙어 죽는 게 아닐까 할 정도로 걱정을 많이 했다. 해야 할 것은 많은데 한 가지도 제대로 해내지 못하는 걱정만 하는 바보가 되어갔다. 친구들은 운전은 꼭 필수라며 운전면허증을 하나둘씩 따기 시작했다. 그러나 나는 이런저런 걱정으로 미루고 있었다. '운전하다 사고 나면 어떡하지?', '운전할 수 있을까?' 쓸데없는 걱정이 나의 발목을 잡고 있었다. 걱정만 하는 바보가 되지 않으려면 지금 당장 무엇이든 도전해야만 했다.

나의 미래를 걱정에 내맡기긴 싫었기 때문이다. "좋아. 결심했어. 까짓거 해 보자." 하며 도전했더니 운전이 생각보다 재밌고 나의 체질에 딱 맞았다. 걱정만 하고 있지 말고, 걱정 없애는 일을 하나씩 해나가는 게 더 우리의 삶을 행복하게 하는 것 같다. 달라이 라마는 "내가 걱정한다고 해서 해결될 문제라면 결국 해결될 문제이므로 근심 걱정할 필요가 없고, 걱정한다고 해서 해결될 일이 아니라면 결국 안 될 일이므로 걱정하여 마음을 괴롭힐 필요가 없다."라고 조언했다.

살다 살다 이런 일도 일어난 경우가 있다. 친구의 이야기는 이렇다. 친구는 에어컨을 새로 장만한다고 여기저기 알아보았다고 한다. 마침 중고거래 하는 곳에서 백화점 가서 보았던 원하는 에어컨이 너무 싸게 나온 것을 보았다. 중고거래 사이트에서 에어컨을 사기로 하고 첨엔 에어컨값으로 50만 원을 송금했는데 판매자가 수수료 1,000원이 입금이 안 되었다고 하며 50만 1,000원을 보내주면 50만 원을 돌려주겠다는 제안을 했다고 한다. 친구는 또 50만 1,000원을 보내주었다고 한다. 그런데 또 수수료가 입금이 안 됐다며 돈을 다시 또 입금해 달라고 했다는 것이었다. 친구는 다시 입금하려고 했다가 이상한 낌새를 느꼈다고 한다. 잘못되었다는 걸 사기라는 걸 알아차렸다고 한다. 사기당한 날이 주말이라 친구는 주말을 보내고 경찰서에 가서 사기 신고를 했지만 찾을 수 없다는 연락만 받았다고 했다. 친구는 주말 내내 걱정으로 '돈 못 찾으면 어떡하지? 차라리 백화점 가서 살 걸' 하고 후회도 했다. 신랑의 잔소리를 생각하니 걱정에 잠 한숨도 못 자고 밤을 꼴딱 새웠다는 것이었다. 돈 걱정을 얼마나 했는지 신경과에 다닌다고 했다. 친구의 심정도 이해가 간다. 그깟 돈이라고 생각할 수 있지만 벌려면 잃어버린 돈의 몇 배의 노력을 해야 한다. 피 같은 돈을 날려버렸으니 걱정만 하다가 병이 들 수도 있다. 친구에게 걱정한다고 돈이 돌아오는 것도 아니니 훌훌 털어버리라고 했다. 걱정은 우리의 마음을 갉아먹는 좀벌레와 같다. 좀벌레에게 우리 마음의 자리를 내어줘선 안 되는 것이다. 우리에겐 돈 벌 기회가, 밝은 미래가 얼마든지 열려 있기 때문이다. 누가 갱년기를 제2의 사춘기라 했는지 공감된다.

몇 년 전에 갱년기를 겪었을 때의 일이다. 시도 때도 없이 얼굴이 화끈거리고 등에 식은땀이 나고 불면증이 생겼었다. 기분도 가라앉고 아무것도 하기 싫고, 무언인지 모르는 막연한 불안감이 생기고 걱정되었다. 그냥 쉽게 지나갔으면 했는데 그렇지 못했다. 나도 유별나게 갱년기를 겪었던 것 같다. 갱년기로 잠도 못 자고 뼈도 아프고 땀도 나 죽는 병인 줄 알고 걱정과 불안 속에 병원을 갔던 적이 있었다. 의사는 갱년기가 왔으나 좀 있으면 괜찮아질 것이니 걱정하지 말라고 했다. 그날 이후로 걱정하지 않고 편안한 마음으로 지낼 수 있었다. 걱정하지 말고 아프면 병원 가서 진료받는 게 신조가 되었다. 나의 또 다른 친구는 갱년기가 너무 심해 병원에 입원한 적이 있었다. 집에 있으면 가슴이 두근거리고 불안해서 도저히 집에 있을 수가 없어 입원했다고 한다. 친구가 가족들에게 "나 좀 도와줘. 나 갱년기인데 내 마음을 알아주란 말이야."라고 밝히면 틀림없이 도와줄 것이라고 조언했다. 아니면 질풍노도 시기의 중2처럼 막 나가보라고 했다. 불안하고 걱정하고 있기보다는 제2의 사춘기를 즐기는 방법은 어떨까? 자신의 변화를 긍정적으로 받아들이고, 가족들의 도움으로 아니면 자신의 의지로 자신 있게 미래를 향해 나아가는 게 낫지 않을까? 친구는 가족의 따뜻한 보살핌으로 잘 극복해서 지금은 언제 그런 일이 있었냐는 듯 잘 지낸다. 걱정은 혼자 하지 말고 나눠서 해결하는 것도 하나의 방법일 것이다.

어느 날, 세계적인 베스트셀러 『적극적인 사고방식』의 저자 너만 빈센트 필 박사에게 한 청년이 찾아와 "박사님, 제 삶에 왜 이리 문제가 많을까요?"라고 말했다. "그래요? 그럼 내가 당신에게 아무런 문제가 없는 평화로운 곳을 소개해줄까요?"라고 말했다. 귀가 번쩍 뜨인 청년은 "그곳이 어디죠? 당장 가르쳐주세요."라고 말했다. "여기서 두 블럭 떨어진 곳에 공동묘지가 있는데 그곳에는 15만 명의 사람들이 아무런 문제 없이 평화롭게 누워 있다오."라고 말했다. 우리는 걱정을 하고 있지만, 이 청년처럼 미리 문제를 갖고 걱정해서는 안 될 것이다. 일어나지도 않는 일을 가지고 자신을 고통에 가두어두고 괴롭힌다. 걱정 때문에 자신의 인생을 엉망으로 만들기도 한다. 게으른 사람이 성공한 것을 본 사람은 아무도 없을 것이다. 걱정에 몸부림치지 않으려면 몸을 부지런히 움직여라. "걱정을 없애려면 하루를 바쁘게 보내야 한다."라고 데일 카네기는 조언했다. 윈스턴 처칠은 제2차 세계대전이 한창일 때 하루 18시간 일하면서 했던 말이 있다. "나는 너무 바빠서 걱정할 시간도 없다."라고. 바쁘게 몸을 움직이다 보면 걱정은 사라질 것이고 우리는 걱정에 감사해야 할 것이다. 걱정이 있었기에 더 나아지려고 몸부림쳤을 것이고 더 나은 새로운 미래를 맞이할 수 있었기 때문이다. 걱정만 하는 바보에게는 아무런 미래가 일어나지 않는다는 것을 알 수 있을 것이다.

『데일 카네기 자기 관리론』에 나오는 데일 카네기의 말을 기억해보자."행복에 이르는 길은 단 하나밖에 없다. 우리의 의지력으로는 어쩔 수 없는 일에 대해 걱정하는 것을 멈추는 것이다."

03

## 내 안의 긍정을 발견하라

"'코기토 에르고 숨(Cogito ergo sum)'은 '나는 생각한다. 고로 존재한다.'라는 의미의 라틴어다. 인간은 생각을 통해 모든 것을 지배한다. 마찬가지로 당신의 생각은 당신을 지배한다. 생각을 바꾸면 인생이 바뀐다. 그것도 부정적 생각보다 긍정적 생각이어야 한다."

– 브라이언 트레이시

기차를 타기 위해 자동차를 운전해 역으로 가고 있을 때의 일이었다. 도로를 한창 가고 있는데 자동차 한 대가 옆으로 왔다. 경적을 울리길래 창문을 열었다. 차 브레이크등 2개가 다 나갔다고 했다. '아뿔싸! 이게 무슨 일이야.' 놀라 심장이 바닥으로 내려앉고 불안해지기 시작했다. '어떡하지? 브레이크등 하나도 안 보이면 뒤에 따라오는 차가 내 차를 못 보는 건 아닐까.', '밤에 올 때는 괜찮을까?' 등등 온갖 나쁜 생각들이 들었다. 집에 돌아가서 자동차정비공장으로 갈까 하다가 긍정적인 생각으로 바꾸기로 했다. 차가 따라오면서 브레이크등에 불이 오지 않는 걸 보더라도 신호등 보며 운전하니 괜찮다는 생각이 들었다. 급하면 경고등을 켜서 알려야겠다는 마음을 먹었더니 브레이크등에 대한 불안이 사라졌다. 불안이 사라지고 나니 알려주신 분이 정말 감사하다는 마음이 들었다. 나에게 알려주지 않았다면 등이 나간 줄도 모르고 계속 타고 다녔을 것이기 때문이다. 내 안의 긍정이 발견된 순간이었다.

나가시마 테루의 『자기 긍정 심리학』에서 미국의 한 심리학 연구에 따르면, 우리 인간은 하루에 6만 번의 생각을 한다고 했다. 깨어 있는 동안 1초에 한 번은 어떤 생각을 하며, 6만 번 중 80%인 약 4만 5,000번은 자신의 안전을 위해 부정적인 사고를 한다고 했다. 하루 24시간 중 8시간을 잔다고 가정하면 3초에 두 번은 부정적인 생각을 한다는 계산이 나온다. 한 친구는 결혼해서 7년 동안 아기가 생기지 않아 마음이 너무 우울한 상태였다. 매달 임신이 안 된 것을 알게 되면 혼자서 울고 자신의 탓을 하며 '내가 무엇을 잘못하고 있는 거지?', '왜 나만 안 되는 걸까' 하고 자책했다. 밖을 돌아다녀도 임산부만 눈에 보이는 것이 힘들다고 했다. 임신에 좋다는 약과 잘한다는 병원을 찾아다녔어도 임신은 되지 않았다고 했다. 정말 끔찍한 시간을 보내고 있었다고 한다. 그러다가 마지막으로 시험관아기를 시도한 것조차 되지 않았다고 했다. 억지로 임신하려고 애쓰지 않고 그냥 두 식구만으로 만족하며 살기로 했다고 한다. 아기 갖는 것을 아예 포기하고 편안한 마음으로 지내고 있었는데, 뜻밖에도 임신이 되었다고 했다. 그 뒤로 친구는 임신에 자신을 얽매이지도 않고 긍정적인 마음을 가지고 지내게 되었으며, 자연스럽게 아들, 딸 낳아서 더 바랄 게 없다고 했다.

『내 안의 긍정을 춤추게 하라』의 저자 바바라 프레드릭슨은 긍정 정서가 사람이 역경을 이겨내면 이전보다 더 강해지도록 하는 유효성분으로 밝혀졌다고 했다. 너무 늦지 않게 자기 스스로 긍정 정서에 대한 신념을 회복하여 괄목할 만한 성과를 얻게 된 것이, 얼마나 감사한지 모를 일이라고 했다. 긍정 정서는 어려운 시기일수록 더 중요하다고 했다. 친구의 임신 사실을 보더라도 우리는 긍정적인 것에 얼마나 마음이 열려 있느냐가 중요한 것 같다. 친구는 계속 임신이라는 강박증으로 자신을 힘들게 하고 있었다. 그러나 불안한 마음을 버리고 편안한 마음으로 안정을 얻으니 몸에서 긍정 호르몬이 나와 축복을 받은 듯하다. 나는 매사에 말을 할 때마다 부정적인 말이 나오지 않을 때가 없었다. '되는 일이 없네', '내가 할 수 있을까?', '할 수 없어', '기분이 우울해'라는 말을 나 자신에게 늘 했던 사람이다. 사람이 이렇게 부정적인데 좋은 일이 생길 수가 없다. 좋은 일이 왔다가도 사라지기 다반사다. 좋은 일을 거저 준다 해도 받을 사람의 준비가 부족했기 때문이다. 부정적인 것은 일할 때도 마찬가지다.

애터미 사업을 시작한 지 얼마 안 되었을 때의 일이다. '이게 돈이나 될까?', '창피하게 내가 왜 굳이 이걸 하려고 돌아다니지.'라는 생각을 했었다. 한번 부정적인 생각이 드니까 돈이 되지 않는 이유와 내가 하지 못할 이유만 나왔다. 나는 부정적인 말로 병들고, 망하고, 실패로 가고 있었다. 그렇게 부정적인 마음을 가득 안고 첫 세미나를 가게 되었다. 애터미 박한길 회장님의 강의가 시작되었다. 실눈을 뜨고 비뚤게 앉아 회장님 강의를 들었다. 어디 한번 들어보자는 심산으로 듣고 있었다. 회장님이 "희망이 없을 때 유일한 희망은 희망을 갖는 것이다.", "사랑하는 사람을 위해 일을 해야 한다.","내 삶이 바뀌려면 내 머릿속에 성공한 모습을 생생하게 그려 놓아야 한다."라는 말을 하는데 눈이 번쩍 뜨였다. 여태껏 부정적인 생각들을 가지고 사랑하는 사람들을 생각지 못했다는 걸 깨달은 순간이었다. 사랑하는 사람들을 위해 조금 창피하면 어떻고, 조금 힘들면 어떤가? 자기중심적인 생각에서 벗어나서 나만 힘들다고 투정하는 게 부정이라면 긍정으로 바꾸어나가는 것도 내가 할 일인 것이다. 박한길 회장님 덕분에 나에 대한 긍정을 재발견하게 되었다.

에디슨의 긍정주의 일화가 있다. 미국 뉴저지주에 웨스트오렌지라는 작은 마을이 있다. 이곳에 토머스 에디슨의 실험실이 있었다. 1914년 12

월 어느 날, 이 실험실에 불이 나서 실험실이 하룻밤 사이에 잿더미가 되었다. 에디슨이 60년 동안이나 다루어온 연구 재료, 성과물 그리고 당시 200만 달러 값어치에 해당하는 연구 시설이 한순간 불꽃으로 사라지고 말았다. 이 사실을 전하려고 아버지에게 달려온 아들 찰스는 차마 입이 떨어지지 않았다. 어떻게 설명해야 할지, 무슨 말로 아버지를 위로해야 할지 난감했다. 간신히 사실을 전한 아들에게 에디슨은 뜻밖의 반응을 보였다. "찰스야, 어서 네 어머니를 찾아오너라. 평생에 두 번 다시 못 볼 광경을 함께 보러 가야겠다." 67세 노인 에디슨은 아내와 함께 불이 난 실험실로 달려가 잿더미를 바라보며 말했다. "이 재난에는 위대한 가치와 교훈이 있소. 우리의 과오는 이렇게 다 탔소. 우리는 이제 다시 시작할 수 있게 되었소. 하나님께 감사합시다." 누구라도 그런 일에 부닥치면 아연실색하여 길게 한탄할 것이다. 그러나 에디슨은 초연했다. 이런 긍정의 태도를 지녔기에 그는 발명왕이 될 수 있었던 것 같다. 긍정은 우리를 행복한 삶으로 변화시킨다.

보스턴 셀틱스 감독 릭 피티노는 "나는 하루 중 98%는 내가 하는 일에 긍정적이다. 그리고 나머지 2%는 어떻게 하면 매사에 긍정적인 사람이 될 수 있을까 궁리한다." 성공자들은 긍정을 최우선으로 삼는다고 한다. 등산가들은 등산할 때 산에 오르면서 '힘들다', '아직도 정상이 아니네', '괴롭다' 등등, 이렇게 생각하면 더 힘들어서 갈 수가 없다고 한다. 여유를 가지고 오르면서 '할 수 있다', '잘하고 있다', '괜찮다'라고 말하면 지치지 않고 산을 끝까지 오를 수 있다고 한다. 긍정의 힘은 용기를 주고 희망을 꿈꾸게 해주는 것이다.

긍정이 나를 사랑한다고 입버릇처럼 말하라. 한 번 길들인 말이나 말투는 고치기가 어렵다. 친절한 말투는 사람을 기분 좋게 한다. 하지만 불친절하게 말을 하게 되면 상대방도 불친절하게 대답한다. 그러면 언쟁이 나고 싸움이 되는 것이다. 말은 '생각의 창고'라고 한다. 긍정적으로 말하는 연습을 해야 한다. 나는 긍정적으로 말하는 것에 대해 정말 인색했다. '예쁘다', '잘했다', '고맙다', '머리 모양 예쁘다', '음식이 훌륭해', '사랑해' 등등, 이런 말들을 하는 것에 어색해했다. 부정적인 말들을 하면서 나 스스로 못난 사람이라고 믿고 있었다. 나 스스로 '못 해요', '할 수 없어요', '이런 걸 어떻게 해요'라며 자신을 정말 할 수 없는 사람이라고 믿어버리고 무한한 가능성을 잠재워버렸다. 말에는 엄청난 힘이 있다고 한다. 말로 사람을 죽이기도 하고 살리기도 한다. 말에는 각인효과가 있어 같은 말을 반복하면 그대로 이루어진다고 했다.

내가 존경하는 스승 〈한책협〉 대표 김도사님은 매일 아침 눈뜨자마자 의식처럼 '나는 매일 조금씩 모든 면에서 점점 나아지고 있다'를 30번씩 외친다고 한다. 그러다가 엄청난 긍정의 의식과 부의 자산을 이루어냈다고 했다. 이제 우리도 "나는 뭐든지 잘할 수 있다.', '나는 매일 조금씩 모든 면에서 점점 나아지고 있다."라는 말을 입버릇처럼 해보자. 긍정의 말을 자주 하자. 내 안의 긍정을 발견해서 부도 이루고 가난했던 의식도 부자 의식으로 만들어갈 것이다.

04

## "나는 멋지다"
## 자신을 인정하기

난 거울 앞에만 서면 자존감이 낮아진다. 몇 년 전만 해도 나름 얼굴도 괜찮았던 것 같은데 나이가 드니 하나둘씩 생긴 주름, 축 늘어진 피부를 보며 얼굴에 자신감이 뚝뚝 떨어진다. 남들 앞에 나서기도 솔직히 자신이 없다. 원래 소심한 성격이긴 한데 더 소심해졌다. 자존감도 외모와 상관이 있을까? 2017년 여성가족부에서 1997년 이전 출생한 7,600여 명을 대상으로 조사를 했다고 한다.

질문은 간단했다. "당신의 외모에 대해서 만족하십니까?" 만족한다고 응답한 비율을 봤는데 남성의 76.5%, 여성의 67.1%가 그렇다고 말했다. 사실 그렇다면 남성은 3분의 2 정도이고, 여성은 3분의 2가 조금 안 된다. 요즘은 외모지상주의가 만연하다. 쌍꺼풀 수술은 기본이다. 고쳐서 예뻐진다면 나는 성형수술을 찬성하는 쪽이다. 물론 자연스러운 것이 가장 좋은 것이지만 외모에서 자신감과 자존감이 살아나기도 하기 때문이다. 연구 결과만 봐도 외모가 정말 많은 영향을 미친다고 볼 수 있을 것 같다.

그래서 요즘은 '나 자신을 사랑하라, 자기 몸 긍정주의'라는 용어가 등장했다고 한다. 외모가 다가 아니라는 것이다. 자신의 있는 모습 그대로를 받아들이고 가꾸는 것이 중요하다는 메시지를 담고 있다. 남들에게 보여주는 것이 아니라 내가 가지고 있는 그대로 자신의 외모와 신체 형태를 다 받아들이는 것이 진정한 아름다움의 시작이라고 보는 것이다. 그래서 지나치게 인위적으로 나를 가꾸는 것이 아니라 본연의 나를 있는 그대로 사랑하라는 것이다. 결국엔 우리가 살아가는 데 자존감을 가질 수 있는 것이다.

어느 인디언 할아버지가 손자에게 들려준 늑대 이야기는 감정의 두 갈래 길을 심오하고도 압축적으로 전하고 있다. 인간의 마음속에서 싸우고 있는 늑대 두 마리가 있었다. 한 마리는 외모에 집착하는 늑대이고, 다른 한 마리는 있는 그대로의 자신을 사랑하는 마음을 가지고 있었다. 손자가 물었다. "할아버지, 어느 늑대가 이겨요?" 할아버지가 대답했다. "어느 쪽이든 네가 먹이를 주는 녀석이 이긴단다." 외모에만 신경 쓰는 늑대에게 먹이를 줄 것인지, 나를 사랑하고 칭찬하며 꿈꾸고 도전하는 늑대에게 먹이를 줄 것인지. 나는 당연히 나를 사랑하고 칭찬하며 꿈꾸고 도전하는 늑대에게 먹이를 줄 것이다. 그러면 그 늑대는 "나는 멋지다"라고 인정할 것이다.예순이 넘은 나이에 작가로 데뷔해서 멋지게 성공한 사람들이 있다.

프랭크 맥코트는 66세에 처음 발표한 자전적 소설 『안젤라의 재』로 퓰리처상과 국제비평가상 수상을 했다. 그는 60세가 넘어서야 작가가 돼 역경을 이기고 뜻을 이룬 사람의 대명사로 꼽혔다. 로라 잉걸스 와일더는 65살에 처음 책을 썼다고 한다. 다른 사람들은 포기한 나이지만 새롭게 다시 펜을 집어 들었다. 이것이야말로 정말 아름답고 멋진 일이다. 그랜마 모세는 78살의 나이에 미술 경력을 시작했다. 그녀는 100세가 될 때까지 그림을 그렸으며 "삶은 우리 자신이 만드는 것이다. 늘 그래왔고 앞으로도 그러할 것이다."라는 유명한 말을 남겼다.

내가 아는 작가님도 나이가 65세이다. 그는 작가가 너무 되고 싶어서, 요양보호사로 활동하다가 죽음에 관한 이야기로 두 달 만에 책 한 권을 다 썼다. 그녀를 볼 때마다 너무 멋진 분이라는 생각이 든다. 어쩜 저런 열정을 갖고 있을까? 보기만 해도 부럽고 하나라도 배우고 싶다. 나는 프랭크 맥코트와 로라 잉걸스 와일더처럼 늦은 나이에 인생을 바꾸기 위해 책을 쓰기로 했다. 작가의 마음은 은퇴할 필요가 없다는 것이다. 나도 책 쓰기를 늦게 시작했으니 시간 낭비하지 말아야겠다는 생각이 든다. 책 쓰기는 나의 삶을 정직하게 일목요연하게 정리해주기도 한다. 나도 아프고 난 뒤에 깨달은 게 있다. 시간은 나를 기다려주지 않는다는 것이다. 시간은 눈 깜빡할 사이에 흘러가 버린다는 것을 알았다. 나는 지금 내가 멋지고 열정적인 사람이라는 사실을 인정하고, 살아가는 하루하루가 특별한 날이라는 걸 알고 있다.

친구가 사주를 보러 가자고 했던 적이 있었다. 얼결에 따라갔다가 사주를 봤는데 사주가 아주 좋다고 하면서 "부동산이 맞으니 땅장사를 해 보라." 한다. "나는 책을 쓰고 싶다." 했더니 그것도 아주 좋단다. 성격도 말해주는데 희한하게 딱 맞는 부분도 있었고 아닌 부분도 있었는데 고집이 있다고 하는 것이다. '고집?' 친구랑 철학관을 나오면서 "나 고집 없는데 안 맞네, 분명 잘 맞추는 집 맞나?"라고 물었더니 친구는 "맞다"고 한다. 그러면서 "고집은 누구나 조금씩 있으니 신경 쓰지 말라"고 한다.

책 나오면 사주 봐준 분을 찾아가서 인사라도 해야 할 것 같다. "책과 나의 사주가 딱 맞다."라고 하는 말에 괜히 설레면서 내가 정말 앞으로 작가로 이름을 떨칠 수 있을 것도 같았기 때문이다. '나는 작가다', '나는 할 수 있다', '나는 멋지다', '나는 앞으로 잘된다'라고 외쳐보았다.

나는 이미 멋진 사람이 되었다. 이 글귀는 자존감 없는 나를 멋진 사람으로 만들어주고 있다. 나는 나 자신의 감정을 멋지게 변화시키기 전에는 자존감 낮고 부정적이고 우울하고 말수 적은 사람이었다. 나는 부정적인 감정의 삶을 살 때는 삶이 우울하고 자존감이 너무 낮아서 '싫어'를 제대로 하지 못했다. '싫어'를 하면 상대방이 나를 어떻게 생각할까 하는 불안감 때문이었다. 나 스스로 너무 낮추다 보니 상대방은 나를 더 낮추어 보았다.

어느 순간 피곤함과 무력감이 찾아왔다. 이제는 내가 정말 살고 싶은 삶을 살아야겠다는 생각을 하게 되었다. '싫어'라고 할 수 있는 단단한 마음으로 살기로 했다. 소중한 내 인생을 허비하는 건 싫기 때문이었다. 무조건 '예스'는 내 마음속에서 손절매하기로 했다. 좋은 관계가 행복과 성공을 가져다준다고 하지만, 나의 행복과는 거리가 있었다. '싫어'가 없는 인간관계는 오래 가지 않을 뿐더러 우리를 힘들게 하는 요소일 뿐인 걸 알았다. 소중한 시간을 남의 눈치 보며 살지 말아야 할 것이다.

〈유퀴즈〉라는 TV 프로에서 유재석과 조세호가 대한민국 패션의 전설 '밀라논나' 장명숙과 만나는 모습이 방영되었다. 패션 1세대 '밀라논나' 장명숙이 젊은이들을 향한 진심 어린 인생 조언을 전하고 있었다. 그녀는 한국에서 최초로 밀라노로 패션 유학을 떠난 사람이었다. 60이 훌쩍 넘은 그녀의 패션 감각과 철저한 자기 관리는 나를 반하게 만들었다. 멋진 모습의 그녀와 나를, 그리고 관리하지 않고 버티고 있는 나를 보게 되었다. 저 나이에 나는 어떤 모습일까? 지금의 이 모습이라면 아휴! 상상만 해도 고개가 절로 돌려진다. 내가 나를 보기에 민망한데 남들이 나를 보면 어떨까 생각하니 지금부터 나의 모습을 내적으로나 외적으로 멋지게 가꾸어 나가야겠다는 생각이 들었다. 그는 "옛날에는 내가 안 예쁘다고 생각했다. 내가 미운 오리 새끼라고 생각했다."라고 했다. 그를 보면 미운 오리 새끼는 온데간데없어지고 백조 한 마리가 되어 있었다. 아니 공작이라고 해도 될 것 같다.

그녀를 보면서 나를 사랑하고, 나를 아껴주고, 나를 위로해주는 그런 멋진 사람으로 살아가야 나를 인정하는 것이라는 사실을 깨닫게 되었다. 정말 내가 멋진 사람으로 만들어지는 것 같다. 나는 멋진 사람이니까. 이적의 '달팽이'라는 노래가 있다. 아주 작은 달팽이가 꿈을 향해 나가는 과정을 노래로 한 것이다. 노래 일부분 중에 이런 가사가 있다. 난 이 부분의 가사를 정말 좋아한다. 왠지 동병상련의 느낌이랄까? "언젠가 먼 훗날에 저 넓고 거칠 은 세상 끝 바다로 갈 거라고. 아무도 못 봤지만, 기억속 어딘가 들리는 파도 소리 따라서, 나는 영원히 갈래." 나도 달팽이처럼 작은 존재지만 '꿈을 이룰 수 있을 것이다.'라고 생각했다. 도저히 불가능함을 말할 때 흔히 '달팽이가 바다를 건너간다.'라고 한다. 그러나 꿈을 가지고 희망을 품고 나간다면 힘들어도 반드시 이룰 수 있다는 것을 알기 때문이다. 삶은 아름답고 살아볼 만하다는 걸 깨달았다. 내가 뱉은 말이 내 삶이 된다는 것도 알았다. 자신을 어떤 모습으로 두느냐가 중요하다. 나는 세상에서 제일 멋진 사람으로 나의 모습을 둘 것이기 때문이다. "큰 숲 사이로 걸어가니, 내 키가 더욱 커졌다."라는 말이 있다. 결국, 나의 모습은 멋지게 달라져 있을 것이라 인정한다.

05

# 긍정의 상상은 현실이 된다

"나는 날마다 모든 면에서 점점 더 좋아지고 있다."

– 에밀 쿠에

"모든 일은 상상하는 그 모습 그대로 이루어진다."라는 말이 있다.

『홍당무』로 유명한 프랑스 소설가 쥘 르나르는 매일 아침 눈을 뜨며 이렇게 묵상했다고 한다. "눈이 보인다. 귀가 즐겁다. 몸이 움직인다. 기분도 괜찮다. 고맙다. 인생은 참 아름답다." 얼마나 긍정적인 묵상인지 나도 아침마다 눈을 뜨면 따라 해보려고 한다. 니시다 후미오는 『된다, 된다, 나는 된다』 중에서 "지금 우리의 모습은 10년 전에 상상한 그대로의 모습이고, 지금 우리가 상상하는 모습이 곧 10년 뒤의 우리의 모습이다."

라고 말한다. 상상이란 내가 원하는 것을 간절하게 원하면 이룰 수 있기 때문이다. 부정적인 상상은 부정적인 결과를 가져온다고 한다. 우리 뇌는 상상과 현실을 구분 못 한다고 한다. 만약 성공을 원한다면 긍정적인 상상으로 우리는 무조건 할 수 있다는 강력한 끌어당김을 해야 한다. 우리가 일반적으로 알고 있는 것과는 달리 사람에게 가장 큰 힘을 발휘하는 것은 의지가 아니라 상상이라는 것이다.

제과 회사의 창립자이자 자기계발에 관한 명연설가였던 아모스가 강연을 마치고 나오는데 한 여성이 그에게 다가와 이렇게 말했다.

"만일 제가 이 나이에 로스쿨에 입학하여 졸업하게 되면 55세가 됩니다. 그런데도 지금 공부를 해야 할지 고민이 됩니다." 아모스는 그 여인에게 대답했다. "만일 지금 하지 않는다면, 더 나이가 들어서도 똑같은 고민을 하고 있는 자신을 만나게 될 겁니다." 마음먹었을 때 바로 시작하라는 아모스의 말처럼 실패를 두려워하는 생각보다는 성공한 긍정적인 상상을 하라는 것이다. 실패를 생각하면 실패하게 되고, 성공을 생각하면 성공하게 되어 있다. 도전적이고 긍정적인 사고는 실패를 성공으로 가기 위한 경험이라고 생각하게 할 것이다. 우물쭈물하다가는 아무것도 하지 못한다. 만일 자신이 하고자 하는 것에 도전하고 싶은데 누군가의 말을 듣고 포기한다면 5년 후, 혹은 10년 후에도 같은 생각으로 후회하고 있을 자신을 생각해보는 것도 좋을 것 같다. 나도 부동산학원을 등록하려고 했다가 옆에서 "부동산 이제 한물갔어. 공부해서 뭐해."라는 말을 듣고 포기했었다. 근데 부동산이 한물간 적이 있었던가. 나 자신이 하고 싶지 않았고 부정적인 상상을 했었기에 이런 결과가 벌어진 것이다. '나의 꿈을 남에게 뺏기지 마라'라고 이야기하고 싶다.

긍정의 상상으로 현실을 만든 사람이 있다. 험준한 산, 눈보라와 눈사태, 빙하 등의 죽음을 무릅쓰고 8,000m가 넘는 산 히말라야 14좌와 얄룽캉(8,505m), 로체샤르(8,400m) 등 2좌, 통합 16좌를 정복한, 세계 16번째 산악 인물인 엄홍길 대장이다. "산은 정복하는 게 아니라 정상을 잠시 빌리는 것이다.", "산에서 가장 먼저 배워야 할 것은 자신을 낮추는 것이다."라고 엄홍길 대장이 말했다. 등산하는 사람들이 산에 오를 때 '언제 다 올라가지?', '정상이 도대체 어디야?'라는 의문처럼 불안한 마음을 가지는 게 가장 주의해야 할 점이라고 한다. 이런 부정적인 마음을 먹으면 산을 오르는 데 실패할 것이기 때문이다. 자신과 싸워 지는 것보다 '산에 올라갈 수 있다', '정상이 얼마 남지 않았네'라며 긍정적인 상상으로 정상에 올라선 나의 모습을 상상하며 산을 올라야 정상까지 힘들이지 않고 갈 수 있다고 했다.

이해찬 전 국무총리가 '100년에 한 번 나올까 말까 한 공무원'이라 칭찬했던 이기우 교육부 차관은, 9급 말단 공무원으로 시작해 교육부 차관에 오른 사람이다. 이기우 인천재능대학교 총장의 인생 역정 성공담은 긍정의 상상은 현실이 된다는 표본이다. 이기우 총장은 "'오늘 하루가 인생의 마지막'이라는 마음으로 살라!"고 힘주어 강조하고 있다. 이기우 총장의 신화는 국보급인 것 같다. 9급 말단 공무원부터 시작해서 교육부 차관까지 올라간 사람이 처음이기 때문이다. 긍정적인 관점을 가지지 않았다면 현실이 될 수 없는 일이다. 산에 오른다고 가정해보자. 산도 악으로 오르지는 못할 것이다. 보통 사람이라면 상상조차도 못 할 일이다. 어떻게 9급 말단에서 고위직 공무원을 생각할 수 있겠는가. 이루어낸다는 확고한 신념과 의지가 없고, 꿈꾸지 않고 상상하지 않는다면 이루어지기 어려운 일이었을 것이다. 그의 긍정적인 상상이 현실에서 이루어진, 우리나라에 길이 남을 역사가 만들어졌다.

조셉 머피의 『자신의 소망을 상상하라』 중의 일화이다. 독일 유학을 꿈꾸는 남학생이 있었다. 그는 독일에 대해서는 잘 몰랐지만, 독일을 대표하는 라인강에 관해서는 조금 알고 있었다. 그래서 그에게 자신이 라인강 강변에 서 있는 모습을 머릿속으로 계속 그리라고 지도했다. 하루에도 몇 번씩 라인강 강변에 서 있는 광경을 상상하던 어느 날, 그는 갑자기 몸에 한기가 느껴졌다고 한다. 계절이 여름이었기 때문에 그도 조셉도 잘 이해되지 않았다. 그런데 그해 가을 갑자기 유학에 관한 이야기가 잘 마무리되어 10월 말에 독일로 가게 되었다. 그가 뒤셀도르프 공항에 도착했을 때, 마침 독일에서 무역상사에 다닌다는 일본인이 손님을 마중 왔다가 허탕을 쳤다며 그를 차에 태워주었다. 그런데 차를 달리던 일본인이 그에게 라인강을 보여주겠다며 차를 세우는 것이었다. 그때가 10월 말이라서 강바람이 차가울 때였다. 그는 자신도 모르게 "앗, 추워." 하고 말했다. 그 일은 3개월 전, 그가 고국에서 이미 경험한 일임을 깨닫고 몹시 놀라지 않을 수 없었다는 것이다. 위에 이야기처럼 자기 자신의 소망을 상상했더니 실제로 이루어진 일이 일어났다.

책 쓰기 과정 중에 일어난 일이다. 책 쓰기 과정 중에 출판사랑 계약하는 작가님들이 있었다. 작가님들은 책을 정말 빨리 써나갔다. 손도 못 대고 있는 나는 초조해졌다. 아직도 어떻게 해야 할지 몰라 노트북만 켜 놓고 손가락만 키보드에 올리고 있었다. 출간 계약한 작가님이 계약서를 카페에 올려주었다. 이 계약서는 내 것이라고 상상해보고 싶은 생각이 들었다. 계약서에 다른 작가의 이름을 지우고 내 이름을 적었다. 그리고 날짜도 바꾸었다. 이렇게 해놓고 얼마 지나지 않아 정말 믿지 못할 일이 일어나게 되었다. 상상이 현실이 된 것이었다. 계약서를 상상한 지 얼마 안 되었는데 출판사와 계약하게 되었다. 너무 기쁘고 눈물도 나고 기쁨을 주체할 수 없었다. 온몸에 소름이 쫙 끼치는 이유는, 긍정적인 상상의 힘은 우주의 힘에 엄청난 '끌어당김 법칙'을 적용해 희망을 실제로 이루어지게 만든다는 걸 알게 되었기 때문이다. 지금도 긍정의 힘으로 더 많은 걸 상상하면서 끌어당기고 있다. 책이 베스트셀러가 되어 1쇄, 2쇄, 3쇄, 4쇄 … 계속 출판되는 상상을 꿈꾸고 있다. 소망이 이루어진 모습으로 상상한다면 소망이 현실이 되는 것을 알고 있기 때문이다.

〈월터의 상상은 현실이 된다〉라는 영화는 제목이 특별하기도 하지만 내용도 기억에 많이 남았다. 주인공은 잡지사에서 16년 동안 소심한 필름 담당자로 일하고 있는 월터라는 사람이다. 그는 '해본 것 없음, 가본 곳 없음, 특별한 일 없음'이라는 사실에서 알 수 있듯이 현실에 충실한 사람이었다. 특별한 경험이라곤 하나 없는 그의 특기는 상상하며 '멍 때리는' 습관이다. 상상 속에선 무슨 일이든 척척 해내는 멋진 영웅이다. 반복되는 일상이지만 '상상'을 통해 특별한 순간을 꿈꾸는 그에게 폐간을 앞둔 '라이프' 지의 마지막 호 표지 사진을 찾아오라는 미션이 주어졌다. 평생 국내를 벗어나본 적 없는 월터는 문제의 사진을 찾아 그린란드, 아이슬란드, 히말라야, 아프가니스탄 등을 넘나들며 평소 자신의 상상과는 비교할 수 없는 거대한 모험을 시작한다. 그리고 사진을 찾으러 가면서 그가 상상했던 일들이 현실이 되어 일어나기 시작한다. 그의 소심했던 성격은 사라지고 상상 속 월터처럼 변화해간다. 상상이 현실이 된 것이다. 우리도 늘 같은 일상만 겪다 보면 아무 일도 일어나지 않는다. 무언가에 도전하고 부딪히다 보면 우리가 원하는 게 무엇인지 상상할 수 있다. 나는 살면서 부딪히는 것이 두렵기도 하지만 회피할 수는 없다고 생각한다. 두려움은 늘 따라오기 마련이기 때문이다. "피할 수 없으면 즐겨라"라는 말이 있다. 우리의 상상력은 우주를 돌고 돌아 우리에게로 다시 온다. 우리가 하고자 하는 긍정의 상상은 현실이 되기 때문이다.

06

## 성공한 사람들만이 가진 것은, 바로 '긍정'이다

"나는 행복하다, 나는 부자다, 나는 긍정적이다"라는 긍정적인 문구들을 냉장고 문, 방문, 심지어 노트북에다가 다닥다닥 붙여놓고 매일 같이 읽으면서 긍정 확언을 했다. 그러나 이상하게 내 마음이 풍요롭거나 행복해지는 일이 일어나지 않았다. 늘 거짓말을 하는 느낌이 들었다. "아닌데, 난 행복하지 않은데", "난 가난한데", "난 부정적인데"라는 마음의 소리가 들렸다. "아! 뭐야, 왜 이렇게도 마음이 풍요롭지 않은 거야? 뭐가 잘못된 거야?"라고 절망하고 있을 때 궁하면 통한다고 하지 않았는가? 나의 뇌는 자동반사적으로 답을 찾고 있었다. 이때 "자신이 없을 땐 거짓말을 하지 마라"는 말에서 답을 찾을 수 있었다. "나는 행복해"를 "나는 행복해질 거야", "나는 부자다"를 "나는 부자가 될 거야"라는 현재진행형으로 말해보라는 것이다. 이렇게 해보니 신기하게도 나의 마음속에 일어났던 거짓말들이 풍요로운 감정으로 바뀌어 나의 내면에 받아들여지고 있었다. 난 지금까지 입으로 반복해서 말했지 뼛속까지 부자가 된다는 사실을 믿지 않았기 때문이었던 것이었다.

어느 날, 알렉산더대왕이 전쟁을 위해 군대를 이끌고 전쟁터에 나가게 되었다. 적군은 아군보다 무려 열 배나 많았다고 한다. 병사들은 수적인 열세에 겁을 먹고 있었다. 싸움터로 가던 도중 알렉산더대왕은 갑자기 작은 사원으로 들어가 그곳에서 승리를 기원하는 기도를 올렸다고 한다. 이때 대왕이 동전을 손에 하나 들며 말했다.

"자, 이제 기도를 마쳤다. 신께서 내게 계시를 주셨다. 이 동전을 던져 나는 우리의 운명을 예측하고자 한다. 만약 동전을 던져 앞이 나온다면 우리가 승리할 것이고 뒤가 나온다면 우리는 패배할 것이다."

대왕은 비장한 표정으로 동전을 높이 던졌고, 병사들은 모두 숨을 죽이고 동전을 주시했다. 병사들 앞에 떨어진 동전은 앞면이 위로 올라와 있었고 병사들은 매우 기뻐했다. 병사들은 열 배나 되는 적을 격파했고, 승리를 자축하는 자리에서 한 장교가 말했다.

"운명이란 무서운 것입니다. 열 배나 되는 적을 이겼으니 말입니다."

그러자 대왕이 말했다.

"과연 그럴까? 그 동전은 양쪽 다 앞면이었다네."

알렉산더대왕의 앞면 동전 일화는 병사들의 사기를 꺾지 않고 긍정적인 생각을 하면 결과도 긍정적으로 되게 해주는 플라시보 효과였던 것이었다. 이 일화처럼 우리도 긍정적인 플라시보 효과를 얻도록 노력을 해야 할 것이다. 힘들다고 생각하면 계속 힘이 드는 일밖에 생기지 않는다. 옛날 속담에 "콩 심은 데 콩 나고, 팥 심은 데 팥 난다."라는 말이 있다. "긍정 심은 데 긍정 나고, 부정 심은 데 부정 난다." 이 말을 잘 기억하여 긍정을 많이 심도록 해야 할 것이다.

성공한 사람들은 주위에 부정적인 사람을 두지 않는다. 부정적인 사람이나 늘 불평을 하는 사람은 해충이나 다름없다. 부정적인 사람들은 얼굴의 표정도 찡그려져 있고 부정적인 말을 하고 부정적인 행동을 한다. 부정적인 삶을 살아간다는 것이다. 그러나 성공한 사람들은 긍정하는 마음으로 얼굴에 긍정의 밝은 표정을 짓고 있으며 우중충한 모습으로 다니지 않는다고 한다. 긍정의 말로 긍정의 행동을 하며 절대로 남의 말을 하지 않고 헐뜯지 않는다고 한다. 성공한 사람들은 항상 '할 수 있다'라고 생각하고 시도해보지 않고 안 된다는 생각은 하지 않는다고 한다. 무엇이든 잘될 거라 생각하고 절대적인 긍정성을 가지고 있다고 한다. 성공한 사람들은 확실한 목적을 가지면 무엇이든 성공시킬 수 있는 긍정성을 항상 가지고 있기 때문이다.

성공한 사람 중 한 사람인 스티브 잡스는 전 세계에서 가장 창의적인 CEO이다. 입양아였지만 자신의 긍정적인 면에 집중해서 그를 키워준 양부모에게 감사했다. 그리고 자신의 힘을 쏟을 수 있는 긍정적인 도구인 컴퓨터를 통해 그가 가고자 하는 길을 발견해 성공에 이르렀다고 한다. 부자가 되는 것보다 세상을 위해 놀랄 만한 일을 하겠다는 목표를 가지고 있었다고 한다. 이런 생각을 지니고 있었기에 부자가 될 수 있던 것이다. 우리도 성공한 사람들처럼 긍정적인 것에 더 집중하고 노력하여 우리의 꿈을 꾸준히 이루어나가야 할 것이다.

성공한 사람은 보통 사람들보다 훨씬 바쁘다. 하지만 좋은 습관을 들이는 데 시간을 기꺼이 쓴다. 메모 습관도 그중 하나다. '긴급하지 않지만 중요한 일'을 꾸준히 한다고 한다. 성공한 사람들의 공통적인 특징, 하나는 메모 습관이다. 기업 CEO들도 대표적인 메모광이다. 메모로 성공한 기업인이 있다. 도시락 기업인 스노우폭스의 김승호 회장은 재미교포로 1987년에 미국으로 건너간 후 일곱 번의 쓰디쓴 실패를 맛보았다고 한다. 그 아픈 실패를 딛고 지금은 엄청나게 성공한 사람으로서 시간적 자유와 경제적 자유를 누리며 살고 있다고 한다. 김승호 회장은 상상 메모를 많이 적어놓았다고 한다. 마음에 드는 사업체가 눈에 들어오면 그 사업체 주차장에 매일 출근하며 하루에 몇 번씩 '저건 내 것이다'라고 속으로 말하며 그것을 얻는 방법을 찾아내 반드시 인수했다고 한다. 이런 상상 메모는 명함 크기의 수첩에 적어놓았는데 그 메모 수첩의 양은 셀 수 없을 정도로 많다고 한다.

『종이 위의 기적, 쓰면 이루어진다』에서 "기록하는 것은, 반드시 현실로 이루어진다."라고 한다. 영화배우 짐 캐리는 무명 시절 문방구에서 파는 수표에 출연료 천만 달러를 받는다는 것을 기록해 지갑에 항상 소지하고 다녔다고 한다. 5년 뒤 그는 천만 달러를 받는 배우가 되었다. '적자생존'이라는 말이 있다. 적어야만 살아남는다는 우스갯소리 같지만 웃음으로 결코 넘겨서는 안 될 것이다. 적는 것이, 메모하는 습관이 우리의 성공에 한 부분을 차지하기 때문이다. 종이 위에, 컴퓨터에, 휴대폰에, 수첩에 메모할 수 있는 곳에는 모두 기록해두도록 하자. 긍정의 메모 습관은 성공한 사람들만이 가진 성공의 열쇠이기 때문이다.

하버드대 출신 중 '사교형'에 속하는 인물로는 제44대 미국 대통령인 버락 오바마가 있다. 그의 성공에는 적극적이고 긍정적인 성격이 한몫했다고 볼 수 있다. 선거 기간 동안 언제 어디서든 미소를 잃지 않던 모습과 미국의 사회 문제를 대하는 적극적이고도 낙관적인 태도가 유권자들의 마음을 움직였다고 볼 수 있다. 긍정적인 생각을 하는 사람들은 두려움이 없다고 했다. 무엇이든지 안 된다는 생각보다는 할 수 있다는 생각으로 포부를 가진 사람들이 많기 때문이다. 그래서 사람들이 피하고 어려워하는 일도 긍정적인 생각으로 큰 성공을 할 수 있는 능력을 지닐 수 있다고 한다. 긍정의 향기를 뿌리고 다니는 사람이 가까이 있으면 행복할 것 같다.

테슬라를 만든 일론 머스크는 알고 있는 사실을 바로 실행으로 옮긴 사람이다. 그는 어릴 적부터 토머스 에디슨과 니콜라 테슬라 같은 혁신가가 되고 싶어 했다고 한다. 인터넷과 청정에너지, 우주라는 원대한 꿈을 가지며 실현하기 위해서 고작 24세의 나이로 창업 전선에 뛰어들었다 한다. 그는 미국에서 미래의 설계자로 현대판 아이언맨이라 불리고 있다. 영화 '아이언맨'에 등장하는 주인공 토니 스타크는 억만장자이자 천재 과학자이다. 존 패브로가 만화를 실사판으로 제작할 때 토니 스타크의 캐릭터를 만드는 데 참조한 인물이 바로 일론 머스크이다. 사람들이 일론 머스크에게 가장 두려워하는 것은 돈 한 푼 들지도 않는 그의 '상상력'이라고 한다. 성공한 사람들은 부정적인 상황에 대해서도 긍정적으로 말하는 습관을 갖고 있다고 한다. 부정적인 단어를 쓰기보다 긍정적인 단어를 많이 쓴다고 한다. '나는 된다.', '잘된다.', '난 할 수 있다.' 성공한 사람들의 비결은 단순하다. 알고 있는 사실을 즉각 행동으로 옮기냐, 그렇지 않냐에 그 차이가 있다고 했다. 누구나 성공 비결을 알고 있지만, 그것을 실행하지 못하고 있을 뿐이다. '나는 성공할 것이다'라는 긍정 확신을 품어야 한다. 이런 긍정 확신을 품고 살아가는 사람은 반드시 성공할 것이다. 우리의 생각이 바뀌고 행동이 변하면 세상은 다르게 보이기 시작한다. 성공에 초점을 맞추고 성공할 것이라는 확신을 지니고 있다면 그것이 바로 '긍정'인 것이다. 성공한 사람들만이 가진 것이, 바로 '긍정'이다.

07

# 하루 한 번 긍정으로 마음을 챙겨라

눈을 뜨자마자 감사의 기도를 한다. 잠을 푹 자서 감사하다. 눈을 자연스럽게 떠 아침을 맞이해 감사하다. 하늘을 볼 수 있는 눈에 감사하다. TV 소리를 들을 수 있는 귀에 감사하다. 노트북을 켤 수 있는 손에 감사하다. 걸어 다닐 수 있는 두 다리에 감사하다. 커피를 마실 수 있는 입에 감사하다. 강아지들의 배변을 치울 수 있어 감사하다.

한때, 나는 감사한 일들이 너무 많은 걸 모르고 살았다. 왜 나는 이렇게 살까? 왜 나는 안 될까? 왜 나는 남들보다 사는 게 못할까? 긍정보다는 부정이, 사랑보다는 미움이 더 커져버린 것이다. 스멀스멀 올라오는 이 부정적인 감정들을 주체하기가 힘들었다. 화를 참고 꾹꾹 누르다가 터져버렸다. 수십 번도 더 올라오는 부정적인 감정들을 주체할 수가 없을 정도면 병이 되는 것이었다. 무서운 홍역을 앓고 난 뒤 다시 태어나는 느낌에, 이제 모든 부정적인 감정들을 내려놓자는 생각이 들었다. "왜 나는 안 될까?"가 아니고 "왜 나는 이렇게 잘될까"로 바꿔보기로 한 것이다. 아직 무언가를 시도하지 않았다면 이 기도를 해보라고 권하고 싶다고 했다.

그렉 브레이든의 『절대 기도의 비밀』에서 "무엇이든 당신의 인생에서 경험하고 싶은 것을 생각해보라. 자기 자신이나 다른 사람의 병이 치유되는 것도 좋고, 가족이 풍족해지는 것도 좋고, 일생을 함께할 완벽한 사람을 찾는 것도 좋다. 무엇이 되었든 그 일이 이루어지기를 요청하지 말고, 이미 일어난 일인 것처럼 느껴보라. 자, 이제는 기도가 응답을 받았을 때 달라지는 당신의 인생에 감사하는 마음을 느껴보자. 도움을 요청할 때 느끼는 간절함과 목마름이 아니라, 감사하는 마음에서 비롯되는 편안함과 해방감을 맛보는 것이다."라고 감사의 기도를 하라고 조언했다. 자신이 하는 기도를 간청하는 기도가 아니라 이루어진 것처럼 감사 기도를 하라고 했다. 간청하면 변화시키려는 것들에 힘을 더 실어주게 되어 기도가 이루어지지 않는다고 했다. 감사기도는 이루어진 것처럼 하는 것이다. 우리가 하는 기도는 간청하는 기도가 아니라 이루어졌다고 감사의 기도로 해야 한다. 나는 간청하는 기도가 아니라 이루어졌다는 응답을 받은 감사기도를 하기 시작했다. 예수님이 말씀하신 대로 "네 믿음대로 되리라."라고 생각했다. 감사기도를 하면서 마음이 편해지고 기도가 이루어지지 않는다는 생각을 하지 않게 되었다.

긍정적 자기 암시는 결국 현실이 된다고 한다. 얼마 전부터 나는 매일 잠자리에서 일어나자마자 이불 정돈을 가장 먼저 하고 있다. 흐트러져 있는 이불을 봐도 정돈해야지 생각을 하지 않았었다. '왜 잠자리 정돈이 중요하지, 어차피 또 엉망이 될 텐데.'라는 생각에 내버려두었다. 내 생각이 바뀐 전환점이 된 것은 오사마 빈 라덴 체포 작전을 성공적으로 진두지휘한 해군 제독 윌리엄 맥레이븐의 텍사스대학교 졸업식 연설에서 잠자리 정리의 중요성을 일깨워준 뒤였다. "매일 아침 잠자리를 정돈한다는 건 그날의 첫 번째 과업을 달성했다는 뜻이다. 작지만 뭔가 해냈다는 성취감이 자존감으로 이어진다. 그리고 또 다른 일을 해내야겠다는 용기로 발전하고 그렇게 살아가면서 우리는 깨닫게 되고, 인생에서는 이런 사소한 일들이 얼마나 중요한지."를 조언했다. 사소한 것도 귀찮아서 제대로 안 하고 있던 내 인생에 일침을 가하는 연설이었다. 긍정의 마음 챙김 시작은 잠자리 정돈부터 시작된다는 것을. 잠자리 정리는 나의 소중한 모닝루틴이 되었다. 그러고 나면 묘한 성취감이 나에게 든다. '오늘도 해냈구나.'라고. 작은 성취감이 나를 행복하게 해주는 루틴이 되었다.

인디언 속담에는 특정 단어를 1만 번 이상 외치면 꼭 이루어진다는 이야기가 있다. 우리 뇌는 반복 입력된 사실을 진짜로 받아들여 그것을 이루려 노력하기 때문이라고 한다. 인생에서 성공한 사람들은 대부분 긍정적인 생각을 품고 진취적으로 살아간다. 중요한 사실은 그들의 긍정적인 태도가 후천적인 노력으로 얻어졌다는 사실이다. 그 원동력은 바로 '자기 암시'이다. 에밀 쿠에의 『자기 암시』에서 "입술을 움직여 자기 암시를 걸면 무의식은 이것을 명령으로 받아들인다. 그리고 우리가 인식하지 못하는 사이, 특히 모두가 잠든 한밤중에 명령을 수행한다. 그래서 밤에 실행하는 자기 암시가 가장 중요하다. 자기 암시의 결과는 놀랍다. 신체에 통증을 느낀다면 그 통증이 '사라진다'라는 말을 매우 빨리, 단조로운 목소리로 반복하라고 한다. 아픈 곳이 있으면 그곳에 손을 얹고 정신적으로 괴롭다면 이마에 손을 얹고 말하면 된다."라고 조언했다.

자기 암시는 특히 마음에 효과적으로 작용한다고 한다. 그래서 환경적인 어려움에 부딪혔을 때도 마음의 도움을 요청할 수 있다고 한다. 나는 자기 암시의 경험을 한 적이 있다. 한밤중에 위가 뒤틀리듯이 아팠다. 체했는지 몸은 추워서 덜덜 떨리고, 위는 꼬인 듯이 아파 혼자서 끙끙 앓고 있었다. 한밤중에 조용히 무릎 꿇고 앉아 자기 암시와 감사기도를 했다. "내 위는 곧 괜찮아질 것이고, 몸은 곧 따뜻해질 것이다. 감사합니다. 감사합니다. 감사합니다."라고 긍정의 자기 암시와 감사기도를 하고 있었다. 이 말들을 100번 이상을 반복해서 한 것 같다. 그런데 신기한 일이 벌어지고 있었다. 꼬여 있던 위가 슬슬 풀리는 느낌이 들었다. 추위를 느끼던 몸도 따뜻해지기 시작했다. 어느 순간에 아프지 않게 된 것이었다. 믿지 못할 정말 희한한 일이었다. 내 마음의 도움을 이렇게 내가 받다니 감사하다는 마음뿐이었다. 자기 암시의 비밀이 풀렸다. 성공철학과 신념의 대가인 나폴레온 힐은 매일 아침, 이 문구를 소리 내어 말하라고 제안한다. "내 힘은 넘쳐나고 있다. 내 힘의 한계는 없다. 난 무엇이든 할 수 있는 능력을 품고 있다." 그는 매일 아침, 이 문구를 말하며 성공을 확신했다고 한다. 물론 문구를 읽는 단순한 노력만으로 성공했다고 말하긴 어렵지만, 이 암시문은 그에게 크게 영향을 끼쳤다고 한다. 나는 어떤 암시문으로 아침의 문을 열 것인가? 나의 내면을 움직일 만한 문구가 되어야 할 것이다. 그렇다면 나는 긍정의 자기 암시 문구로 아침을 시작할 것이다. "나는 모든 사물에 감사해할 것이다.", "나는 긍정으로 똘똘 뭉쳐져 있다.", "나는 긍정의 힘으로 나아갈 것이다.", "나는 긍정의 기술로 무엇이든 할 수 있는 능력을 품고 있다."라고 할 것이다.

세상에서 가장 전염성이 강한 것이 긍정적인 생각이 아니고 부정적인 생각이다. 누구나 다 공감을 할 것이다. 부정적인 생각은 꼬리에 꼬리를 물고 외국 동화 '잭과 콩나무'에 나오는 콩 나무처럼 하늘의 구름을 뚫고 거인의 성까지 닿을지도 모른다. 그만큼 부정적인 생각들은 빨리 자란다. 그러나 성공한 사람들은 일찍이 부정의 싹들이 올라오기 전에 긍정이라는 도구로 부정적 싹들을 잘라버린다고 한다. 고등학교 다닐 때 만우절에 친구들이 장난으로 "수은아, 담임 선생님이 너 교무실로 좀 오라던데." 이 말을 듣는 순간부터 심장이 벌렁거리는 게 미친 듯이 뛰었다. '내가 무슨 잘못을 저지른 게 아닐까'부터 시작해서 '뭐지? 왜 나를?' 하고 걱정이 태산이었다. '내게 무슨 상을 줄 건가?'라고 긍정적으로 생각해 본 적은 없다. 친구들의 장난이지만 내게 부정적인 생각들이 많이 있다는 걸 알게 된 하루였다.

TV에서 무쇠 다리 로켓 걸 한정원 씨를 보았다. 그녀는 교통사고로 허벅지 아래 왼쪽 다리를 잃었다. 그녀의 꿈은 KLPGA(한국여자프로골프협회) 준회원 자격 획득이다. 더 나아가 정식 대회에 출전해 KLPGA 챔피언스 클래식 입상을 노린다. 현재 중학교 체육 교사로 재직 중인 그녀는 사고 후 재활 활동으로 골프를 접했다. 독학으로 골프를 배운 그녀는 '장애는 아무것도 아니다.'라는 의지로 꾸준히 실력을 키웠고 2018년 세계장애인골프선수권대회 우승을 포함해 여러 장애인 골프 대회에서 우승컵을 거머쥐었다. 다리를 한쪽 잃고 난 뒤의 상실감은 이루 말할 수 없을 것 같다. 장애를 딛고 일어선 그녀의 모습이 무척 아름답다. 긍정적인 그녀의 모습에서 잔잔한 파도와 같은 감동의 물결이 일어난다. 그녀의 포기하지 않는 의지와 반드시 성공할 수 있다는 긍정적인 믿음은 우리에게 꿈과 희망을 준다. 긍정적인 마음의 그녀에게 정말 감사하다. 암을 겪고 난 뒤의 나는 단단해지기로 했다. 일단 내 마음을 꽉 채우고 있던 부정적인 마음들을 긍정적인 마음으로 싹 물갈이하기 시작했다. 살아야겠다는 마음이 강해지니까 하루하루가 위대하고 특별한 날이었다. 내가 사랑하는 사람들을 슬프게 하면 안 된다는 생각이 들었다. 시간을 낭비할 수가 없었다. 하루하루 충만한 삶을 살아야만 했다. 그리고 내가 하고 싶었던 것을 하기로 했다. 내면 깊숙이 내가 무엇을 원하는지 나는 답을 찾아내었다. 지금까지 '나중에, 하지 뭐' 하던 걸 제일 앞 순서로 당겨왔다. 한 번 왔다가 가는 인생, 하고 싶은 거 있으면 미루지 말고 일단 저지르고 보자는 생각이 들었다. 내 생애 최초로 인생 2막을 여는 책 쓰기에 도전했다. 우리 인생은 눈 깜빡할 사이에 지나가버린다. 소중한 시간이 재미도 없고 감동도 없다면 정말 허탈할 것이다. 가장 소중한 시간은 바로 지금이다. 오늘이 우리에겐 최고의 빛나는 값비싼 선물이다. 하루 한 번 긍정으로 마음을 챙겨 사람들을 사랑하고 감사로 넘치게 하는 사람이 될 것이다. 마지막으로 김도사님의『기적 수업』에 이런 말이 있다.

"긍정적으로 사고하면 인생은 긍정적으로 변하고, 원하는 것을 성취하게 된다."